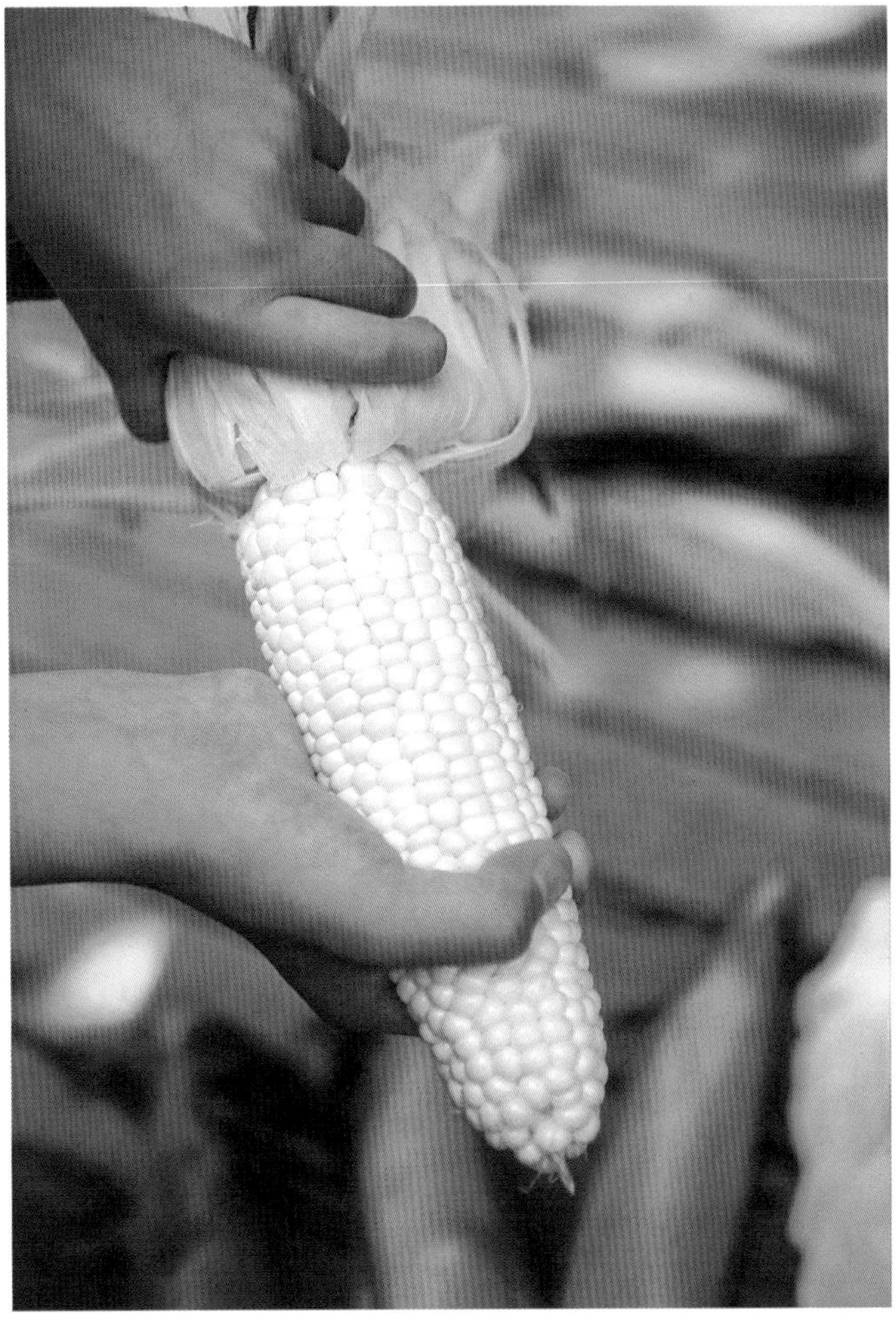

新 俳句・季語事典❸

山田みづえ 監修

秋の季語入門

石田郷子◆著

新涼《しんりょう》や白《しろ》きてのひらあしのうら

川端茅舎《かわばたぼうしゃ》

荒海《あらうみ》や佐渡《さど》に横《よこ》たふ《う》天河《あまのがわ》

芭蕉《ばしょう》

あたたかい雨《あめ》ですえんま蟋蟀《こおろぎ》です

三橋鷹女《みつはしたかじょ》

秋《あき》晴《ばれ》の運《うん》動《どう》会《かい》をしてゐ《い》るよ

富《とみ》安《やす》風《ふう》生《せい》

いなびかり北《きた》よりすれば北《きた》を見《み》る

橋《はし》本《もと》多《た》佳《か》子《こ》

を《お》りとりてはらりとおもきすすきかな

飯田蛇笏《いいだだこつ》

秋の季語入門

もくじ

［協力］内堀写真事務所・福田一美／白河天文台／俳人協会刊『学校教育と俳句』／
俳人協会主催「夏休み親子俳句教室」／大分県「豊っ子の会」／「ぐろっけ」「航標」
「天為」「天穹」子ども俳句欄／広島県五日市観音西小学校

監修《かんしゅう》のことば

”子《こ》どもの歳時記《さいじき》“に祝福《しゅくふく》を――――山田《やまだ》みづえ

子《こ》どものための『季語事典《きごじてん》』！

この書《しょ》が、日本《にっぽん》の子《こ》ども達《たち》にとって、生《う》まれてはじめて出会《であ》う歳時記《さいじき》になるかもしれないという誇《ほこ》りと自負《じふ》を覚《おぼ》えます。そして、慈愛《じあい》のまなざしを湛《たた》えて、子《こ》ども達《たち》のもとに送《おく》り出《だ》したいと思《おも》います。

昔々《むかしむかし》、ちょっと取《と》り付《つ》き難《がた》い思《おも》いで、大人《おとな》の歳時記《さいじき》を操《く》ったことをなつかしく感《かん》じながら、この『季語事典《きごじてん》』に出会《であ》う皆《みな》さんに祝福《しゅくふく》を捧《ささ》げます。

日本語《にほんご》の良《よ》さ、俳句《はいく》の親《した》しさ、日本《にほん》の四季《しき》のよろしさを充分《じゅうぶん》に楽《たの》しんでください。

著者《ちょしゃ》のことば

この本《ほん》の特徴《とくちょう》——凡例《はんれい》に代《か》えて——

石田郷子《いしだきょうこ》

『新《しん》 俳句《はいく》・季語《きご》事典《じてん》』は、広《ひろ》く小学生《しょうがくせい》から中学生《ちゅうがくせい》のみなさんに俳句《はいく》に親《した》しんでいただくつもりで書《か》きました。

現在《げんざい》、歳時記《さいじき》（俳句《はいく》の季語集《きごしゅう》）に収《おさ》められている季語《きご》は五千《ごせん》ほどですが、この本《ほん》では、みなさんの生活《せいかつ》のなかで実際《じっさい》に見《み》ることができるもの、体験《たいけん》できるものを中心《ちゅうしん》に選《えら》びました。また、なかなかふれる機会《きかい》のないものでも、知《し》っておいていただきたいと思《おも》った季語《きご》は残《のこ》しました。

この本《ほん》で取《と》り上《あ》げた俳句《はいく》は、既刊《きかん》の歳時記《さいじき》、アンソロジーなどから引用《いんよう》させていただきました。また、歴史的《れきしてき》かなづかいなど、ほとんど原文《げんぶん》のままですが、漢字《かんじ》は新字《しんじ》に、「〱」や「ゝ」などのくり返《かえ》し記号《きごう》はひらがなに直《なお》しました。

なお、作者名《さくしゃめい》で、名字《みょうじ》がなく名前《なまえ》のみのものは江戸時代《えどじだい》の俳人《はいじん》の作品《さくひん》です。

最後《さいご》になりましたが、この本《ほん》の大《おお》きな特徴《とくちょう》の一《ひと》つとして、小中学生《しょうちゅうがくせい》のみなさんの作品《さくひん》を、例《れい》句《く》の中《なか》にできるだけたくさん取《と》り上《あ》げさせていただきました。巻頭目次《かんとうもくじ》の頁《ページ》に掲載《けいさい》いたしました各協力団体《かくきょうりょくだんたい》に、この場《ば》をお借《か》りして厚《あつ》くお礼申《れいもう》しあげます。

秋の季語

＊本書では、季語を五十音（あいうえお）順ではなく、「時候（暑さや寒さなど気候にまつわるもの）」「天文（気象や天体）」「地理」「生活」「動物」「植物」の順に並べました。

【秋《あき》】立秋《りっしゅう》（八月八日《はちがつようか》ごろ）から、立冬《りっとう》（十一月八日《じゅういちがつようか》ごろ）の前《まえ》の日《ひ》までの三《さん》カ月《げつ》間《かん》をいいます。

もの置《お》けばそこに生《うま》れぬ※1秋《あき》の蔭《かげ》　高浜虚子《たかはまきょし》
くろがねの秋《あき》の風鈴《ふうりん》鳴《な》りにけり　飯田蛇笏《いいだだこつ》
秋《あき》の航《こう》※2一大紺円盤《いちだいこんえんばん》の中《なか》　中村草田男《なかむらくさたお》
すな浜《はま》に足跡《あしあと》残《のこ》す秋《あき》の人《ひと》　柴山弘和《しばやまひろかず》（中3）

【初秋《はつあき》】「しょしゅう」とも読《よ》み、秋《あき》のはじめのころをいいます。まだきびしい暑《あつ》さの日《ひ》が続《つづ》きますが、朝夕《あさゆう》がいくらか涼《すず》しくなったり、風《かぜ》がさわやかに感《かん》じられたりしてどことなく秋《あき》の気配《けはい》があります。秋《あき》はじめともいいます。

初秋《はつあき》や人《ひと》のうしろを風《かぜ》が過《す》ぎ　桂《かつら》信子《のぶこ》
鎌倉《かまくら》をぬけて海《うみ》ある初秋《しょしゅう》かな　飯田龍太《いいだりゅうた》

【文月《ふみづき》】ふづきともいいます。旧暦《きゅうれき》（明治五年《めいじごねん》まで使《つか》われた暦《こよみ》）の七月《しちがつ》のことで、だいたい今《いま》の八月《はちがつ》ごろに当《あた》ります。

文月《ふみづき》や六日《むいか》も常《つね》の夜《よ》には似《に》ず※3　芭蕉《ばしょう》
文月《ふみづき》の終《お》わりの湖《うみ》※4や雨《あめ》駈《か》けて　星野麦丘人《ほしのばっきゅうじん》

※1 **生《うま》れぬ**…「生《うま》れた」の意《い》味《み》。

※2 **航《こう》**…水上《すいじょう》を船《ふね》で行《ゆ》くこと。

※3 **六日《むいか》も常《つね》の夜《よ》には似《に》ず**…六日《むいか》とは、旧暦七月七日《きゅうれきしちがつなのか》の七夕《たなばた》の前《まえ》の日《ひ》のことで、文《ふみ》月《つき》の六日《むいか》はいつもの夜《よる》とちがって感《かん》じられるという意《い》味《み》です。

※4 **湖《うみ》**…みずうみのことを俳句《はいく》ではよく「うみ」と呼《よ》びます。

【八月《はちがつ》】八月《はちがつ》は暑《あつ》さがきびしい月《つき》で夏《なつ》のさかりですが、立秋《りっしゅう》（八月八日《はちがつようか》ごろ）がすぎるとこおろぎなどの虫《むし》が鳴《な》いたり、涼《すず》しい風《かぜ》が吹《ふ》いたりして、ふと秋《あき》の気《け》配《はい》を感《かん》じることもあります。

八月《はちがつ》や弟《おとうと》が来《き》て母《はは》と居《お》り　斉藤美規《さいとうみき》

八月《はちがつ》もをはりの山《やま》に登《のぼ》りけり　今井杏太郎《いまいきょうたろう》

【立秋《りっしゅう》】二十四節気《にじゅうしせっき》（季節《きせつ》の変化《へんか》をあらわすことば）の一《ひと》つで、八月八日《はちがつようか》ごろに当《あた》り、この日《ひ》からを秋《あき》としています。今朝《けさ》の秋《あき》、秋立《あきた》つ、秋来《あきく》る、秋《あき》に入《い》るともいいます。

秋立《あきた》つとしきりに※5栗鼠《りす》のわたりけり　久保田万太郎《くぼたまんたろう》

ペンだこは小《ち》さき友達《ともだち》秋立《あきた》ちぬ　有馬《ありま》ひろこ

立秋《りっしゅう》や鏡《かがみ》の中《なか》に次《つぎ》の部屋《へや》　辻田克巳《つじたかつみ》

秋来《あきく》れば人《ひと》の影《かげ》までさびしいな　後藤沙由里《ごとうさゆり》（小6）

【残暑《ざんしょ》】立秋《りっしゅう》を過《す》ぎてからのきびしい暑《あつ》さをいいます。秋暑《あきあつ》しともいいます。

朝夕《あさゆう》がどかとよろしき残暑《ざんしょ》かな　阿波野青畝《あわのせいほ》

吊革《つりかわ》に手首《てくび》まで入《い》れ秋暑《あきあつ》し　神蔵《かみくら》　器《うつわ》

※5 しきりに…何度《なんど》も。

【秋《あき》めく】秋《あき》らしい感《かん》じのしてくることをいいます。立秋《りっしゅう》を過《す》ぎると、海《うみ》や山《やま》、草木《くさき》のようす、空《そら》の色《いろ》や雲《くも》の形《かたち》など、少《すこ》しずつ秋《あき》らしく感《かん》じられてきます。

秋《あき》めくとすぐ咲《さ》く花《はな》に山《やま》の風《かぜ》　飯田龍太《いいだりゅうた》

秋《あき》めくや一《ひと》つ出《で》てゐ《い》る貸《かし》ボート　高橋悦男《たかはしえつお》

【新涼《しんりょう》】秋《あき》のはじめに感《かん》じる涼《すず》しさをいいます。夏《なつ》の暑《あつ》さからようやく解放《かいほう》されて、ほっとするような涼《すず》しさです。秋涼《あきすず》し、涼新《りょうあら》たともいいます。

新涼《しんりょう》や白《しろ》きてのひらあしのうら　川端茅舎《かわばたぼうしゃ》

新涼《しんりょう》や豆腐《とうふ》驚《おどろ》く唐辛子《とうがらし》　前田普羅《まえだふら》

【葉月《はづき》】旧暦《きゅうれき》の八月《はちがつ》をいいます。だいたい今《いま》の九月《くがつ》ぐらいに当《あ》たります。

魚棲《うおす》まぬ湖《うみ》の葉月《はづき》の深《ふか》みどり　田中敦子《たなかあつこ》

【九月《くがつ》】九月《くがつ》は秋《あき》の中《なか》ごろの月《つき》ですが、はじめのころにはまだ夏《なつ》のような暑《あつ》い日《ひ》が続《つづ》きます。台風《たいふう》が来《き》たり、雨《あめ》の日《ひ》が続《つづ》いたりして天候《てんこう》が変化《へんか》しやすくなります。

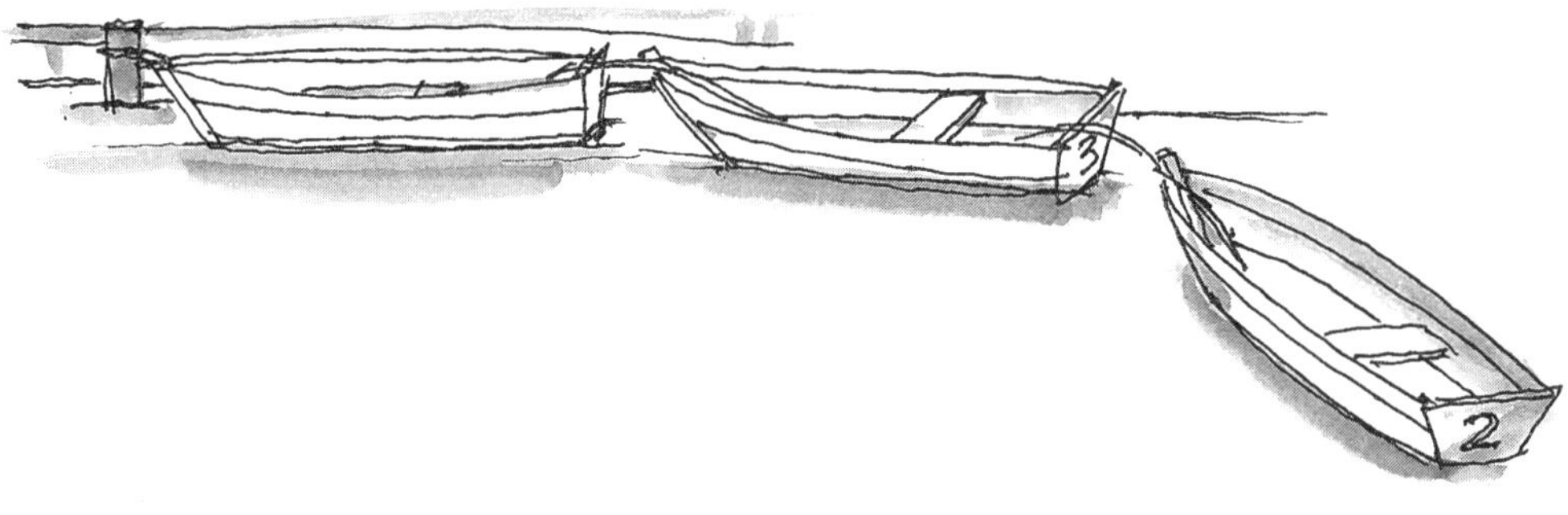

まだ何《なに》も置《お》かぬ九月《くがつ》の机《つくえ》なり　坂巻純子《さかまきじゅんこ》

いちじくを取《と》るには早《はや》い九月《くがつ》かな　富岡多寿子《とみおかたずこ》（中1）

【秋分《しゅうぶん》】二十四節気《にじゅうしせっき》の一《ひと》つで九月二十三日《くがつにじゅうさんにち》ごろに当《あた》ります。昼《ひる》と夜《よる》の長《なが》さがちょうど同《おな》じぐらいになる日《ひ》です。

秋分《しゅうぶん》の正午《しょうご》の日《ひ》ざし真向《まとも》にす　菅《すが》　裸馬《らば》

【秋彼岸《あきひがん》】秋分《しゅうぶん》の日《ひ》の三日前《みっかまえ》から三日後《みっかご》までの七日間《なのかかん》をいいます。寺《てら》にお参《まい》りしたり、墓参《はかまい》りをしたりします。

百畳《ひゃくじょう》を見渡《みわた》してをり秋彼岸《あきひがん》　斎藤梅子《さいとううめこ》

【晩秋《ばんしゅう》】秋《あき》の終《おわ》りごろをいいます。紅葉《こうよう》の美《うつく》しい時期《じき》で、朝晩《あさばん》は肌寒《はださむ》さを感《かん》じるようになります。

晩秋《ばんしゅう》や両掌《りょうて》に挟《はさ》む犬《いぬ》の貌《かお》　瀧《たき》　春一《しゅんいち》

晩秋《ばんしゅう》の野《の》の明《あか》るさを歩《ある》きけり　前田震生《まえだのぶお》

晩秋の野

【長月《ながつき》】旧暦《きゅうれき》の九月《くがつ》をいいます。だいたい今《いま》の十月《じゅうがつ》ごろに当《あた》ります。

長月《ながつき》の竹《たけ》をかむりし草家《くさや》※6かな　増田龍雨《ますだりゅうう》

【十月《じゅうがつ》】十月《じゅうがつ》には、山《やま》では紅葉《こうよう》がはじまり、気候《きこう》もよく、行楽《こうらく》シーズンを迎《むか》えます。朝晩《あさばん》は肌寒《はださむ》さを感《かん》じるようになります。

十月《じゅうがつ》の貝殻道《かいがらみち》のにほふかな　山田《やまだ》みづえ

虫《むし》の声《こえ》消《き》えて十月《じゅうがつ》おわりの日《ひ》　入交理子《にゅうこうまさこ》（中2）

【秋《あき》の暮《くれ》】秋《あき》は日暮《ひぐれ》がどんどん早《はや》くなってゆきます。この季語《きご》はどこかさびしい味《あじ》わいがあり、古《ふる》くから多《おお》くの俳句《はいく》に詠《よ》まれてきました。また秋《あき》の日《ひ》の暮《く》れやすいことをつるべ落《お》としといいます。つるべとは井戸《いど》の水《みず》をくみ上《あ》げる桶《おけ》のことで、つるべがまっすぐに井戸《いど》に落《お》ちるようすにたとえていうことばです。

此道《このみち》や行人《ゆくひと》なしに秋《あき》の暮《くれ》　芭蕉《ばしょう》

日《ひ》のくれと子供《こども》が言《い》ひて秋《あき》の暮《くれ》　高浜虚子《たかはまきょし》

まつ《（っ）》すぐの道《みち》に出《い》でけり秋《あき》の暮《くれ》　高野素十《たかのすじゅう》

釣瓶落《つるべおと》しといへど光芒《こうぼう》※7しづかなり　水原秋櫻子《みずはらしゅうおうし》

秋《あき》の暮《くれ》大魚《たいぎょ》の骨《ほね》を海《うみ》が引《ひ》く　西東三鬼《さいとうさんき》

※6 草家《くさや》（草屋《くさや》）…カヤ、ワラなどで屋根《やね》をふいてある家《いえ》のこと。

※7 光芒《こうぼう》…すじのように見《み》える光《ひかり》のことで、この場合《ばあい》は夕日《ゆうひ》の光《ひかり》。

つるべ

【秋《あき》の夜《よ》】秋《あき》の夜《よ》は長《なが》く、こおろぎなどの虫《むし》がさかんに鳴《な》きます。夜《よ》ごとに涼《すず》しさが増《ま》します。

秋《あき》の夜《よ》や紅茶《こうちゃ》をくぐる銀《ぎん》の匙《さじ》　日野草城《ひのそうじょう》

秋《あき》の夜《よ》の猫《ねこ》のあけたる障子《しょうじ》かな　細川加賀《ほそかわかが》

【夜長《よなが》】日暮《ひぐ》れが早《はや》くなり、夜《よる》が長《なが》いことをいいます。長《なが》き夜《よ》ともいいます。

地球儀《ちきゅうぎ》をぐるりと廻《まわ》す夜長《よなが》かな　林《はやし》　良硯《りょうけん》

長《なが》き夜《よ》の楽器《がっき》かたまりゐて鳴《な》らず　伊丹三樹彦《いたみみきひこ》

【秋澄《あきす》む】秋《あき》になると空気《くうき》が澄《す》んで遠《とお》くもよく見《み》えるようになり、また物音《ものおと》などもよく聞《き》こえるようになります。

手《て》に何《なに》も持《も》たざる※8秋《あき》の澄《す》みにけり　石田郷子《いしだきょうこ》

【秋《あき》うらら】秋麗《しゅうれい》ともいい、秋晴《あきば》れの日《ひ》のおだやかなようすをいいます。

田《た》の中《なか》に赤《あか》き鳥居《とりい》や秋《あき》うらら　邊見京子《へんみきょうこ》

※8　**持《も》たざる**…「持《も》たない」という意味《いみ》です。

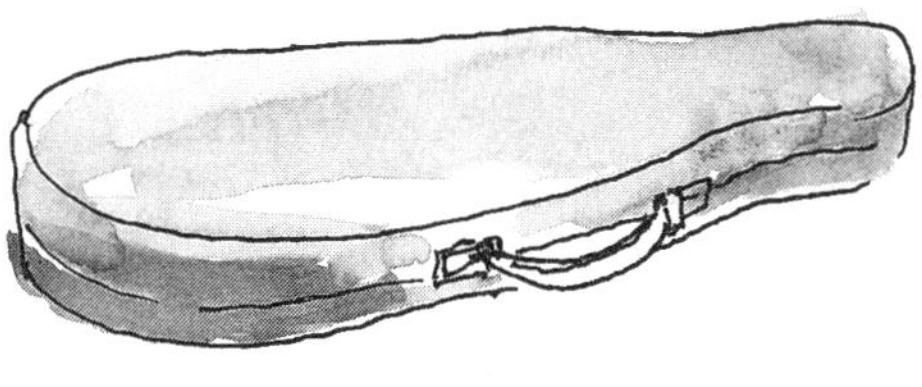

【冷《ひや》やか】秋《あき》が深《ふか》まって、空気《くうき》が冷《ひ》え冷《び》えとしてくることです。ものにさわってひんやりとする感《かん》じもいいます。冷《ひ》え、秋冷《しゅうれい》などともいいます。

ひややかに卓《たく》の眼鏡《めがね》は空《そら》をうつす　渋沢渋亭《しぶさわしぶてい》

秋冷《しゅうれい》の瀬音《せおと》※9いよいよ響《ひび》きけり　日野草城《ひのそうじょう》

【爽《さわ》やか】秋《あき》のすがすがしくさっぱりとした感《かん》じをいいます。さやけし、さやかなどともいいます。

響爽《ひびきさわや》かいただきますといふ言葉《ことば》　中村草田男《なかむらくさたお》

【そぞろ寒《さむ》】秋《あき》になってなんとなく感《かん》じる寒《さむ》さをいいます。やや寒《さむ》、肌寒《はださむ》、秋寒《あきさむ》も同《おな》じような意味《いみ》のことばです。

やや寒《さむ》や日《ひ》のあるうちに帰《かえ》るべし※10　高浜虚子《たかはまきょし》

ポストまで百歩《ひゃっぽ》ばかりのそぞろ寒《さむ》　竹内《たけうち》しげ

【夜寒《よさむ》】秋《あき》が深《ふか》まって感《かん》じる夜《よる》の寒《さむ》さをいいます。朝《あさ》の寒《さむ》さは朝寒《あささむ》といいます。

※9 **瀬音《せおと》**…流《なが》れが速《はや》い川《かわ》の音《おと》。

※10 **帰《かえ》るべし**…帰《かえ》らなくては。

あはれ《わ》※11子《こ》の夜寒《よさむ》の床《とこ》の引《ひ》けば寄《よ》る　中村汀女《なかむらていじょ》
くちびるを出《で》て朝寒《あささむ》のこゑ《え》となる　能村登四郎《のむらとしろう》

【秋深《あきふか》し】秋《あき》の終《お》わりごろの感《かん》じです。美《うつく》しく紅葉《こうよう》した木々《きぎ》も葉《は》を落《お》としはじめ、風《かぜ》の冷《つめ》たさが身《み》にしみて感《かん》じられます。秋深《あきふか》む、深秋《しんしゅう》などともいいます。

秋深《あきふか》き隣《となり》は何《なに》をする人《ひと》ぞ　芭蕉《ばしょう》
歩《ある》きても止《とま》りても秋深《あきふか》きかな　倉田紘文《くらたこうぶん》

【行《ゆ》く秋《あき》】秋《あき》の終《お》わりをいいます。行《ゆ》く秋《あき》を惜《お》しむことを秋惜《あきお》しむともいいます。

戸《と》をたたく狸《たぬき》と秋《あき》ををしみけり　蕪村《ぶそん》
ゆく秋《あき》の不二《ふじ》※12に雲《くも》なき日《ひ》なりけり　久保田万太郎《くぼたまんたろう》
鷗群《かもめむ》るる船《ふね》あり秋《あき》を惜《お》しみけり　中西夕紀《なかにしゆき》

【冬近《ふゆちか》し】秋《あき》の終《お》わりに、冬《ふゆ》がもう間近《まぢか》だと感《かん》じることです。冬隣《ふゆどなり》ともいいます。

冬近《ふゆちか》き日《ひ》のあたりけり鳶《とび》の腹《はら》　白雄《しらお》
校庭《こうてい》の白線《はくせん》消《き》ゆる冬隣《ふゆどなり》　浦川聡子《うらかわさとこ》

※11 **あはれ《わ》**…なにかに感動《かんどう》したときの声《こえ》です。口語《こうご》でいえば「ああ」。

※12 **不二《ふじ》**…富士山《ふじさん》のこと。

【秋《あき》の日《ひ》】秋《あき》の一日《いちにち》と秋《あき》の太陽《たいよう》のどちらのこともいいます。秋日《あきび》は秋《あき》の太陽《たいよう》のことです。

秋《あき》の日《ひ》が背《せ》にあたたかくしづ《ず》かなり　長谷川素逝《はせがわそせい》
好《す》きな鳥《とり》好《す》きな樹《き》に来《き》て秋日《あきび》濃《こ》し※13　町《まち》　春草《しゅんそう》

【秋晴《あきばれ》】晴《は》れて澄《す》み渡《わた》った秋《あき》の空《そら》をいいます。秋日和《あきびより》ともいいます。

刻々《こくこく》※14に大秋晴《おおあきばれ》となるごとし※15　皆吉爽雨《みなよしそうう》
秋晴《あきばれ》のあまりに晴《は》れて何《なに》もせず　森《もり》　澄雄《すみお》
畳屋《たたみや》の肘《ひじ》が働《はたら》く秋日和《あきびより》　草間時彦《くさまときひこ》

【秋《あき》の声《こえ》】秋《あき》になると、今《いま》まで気《き》づかなかったような音《おと》、雨《あめ》や風《かぜ》の音《おと》、さらに遠《とお》くの物音《ものおと》にまで敏感《びんかん》になります。また、音《おと》でないものも音《おと》と感《かん》じることもあります。それらすべての音《おと》を声《こえ》としてとらえた感覚的《かんかくてき》な季語《きご》です。

寺《てら》掃《は》けば日《ひ》に日《ひ》にふかし秋《あき》の声《こえ》　中川宋淵《なかがわそうえん》
風《かぜ》ふけば聞《き》こえてくるよ秋《あき》の声《こえ》　東上法子《とうじょうのりこ》（小6）

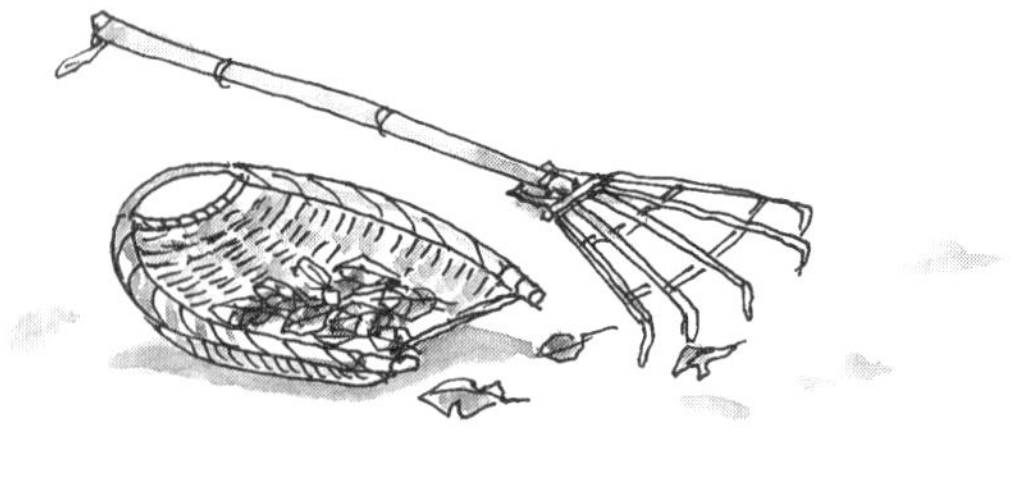

※13 **濃《こ》し**…濃《こ》い。
※14 **刻々《こくこく》に**…ひとときごとに。
※15 **ごとし**…「〜のようだ」という意味《いみ》です。

【秋《あき》の空《そら》】秋空《あきぞら》、秋天《しゅうてん》ともいいます。晴《は》れて澄《す》んだ秋《あき》の空《そら》のことです。秋高《あきたか》し、空高《そらたか》し、天高《てんたか》しはそんな秋《あき》の空《そら》の感《かん》じをあらわしたことばです。

上行《うえゆ》くと下来《したく》る雲《くも》や秋《あき》の空《そら》　凡兆《ぼんちょう》
によ《(よ)》つ《(つ)》ぽりと秋《あき》の空《そら》なる富士《ふじ》の山《やま》　鬼貫《おにつら》
秋空《あきぞら》へ大《おお》きな硝子《がらす》窓《まど》一《ひと》つ　星野立子《ほしのたつこ》
秋空《あきぞら》にさしあげし児《こ》の胸《むね》を蹴《け》る　福田蓼汀《ふくだりょうてい》
天高《てんたか》し日本一《にっぽんいち》の観覧車《かんらんしゃ》　小野雄馬《おのゆうま》（小5）

【秋《あき》の雲《くも》】澄《す》んだ秋空《あきぞら》に見《み》られる雲《くも》です。秋《あき》は天気《てんき》の変化《へんか》がはげしいので、雲《くも》はさまざまに形《かたち》をかえて空《そら》を流《なが》れてゆきます。秋《あき》の雲《くも》でいちばん特徴《とくちょう》のあるのは、いわし雲《ぐも》で小《ちい》さな雲《くも》の集《あつ》まりです。まるでいわしが群《む》れているようだというのでついた名《な》まえで、同《おな》じように、その形《かたち》からうろこ雲《ぐも》、さば雲《ぐも》、ひつじ雲《ぐも》とも呼《よ》ばれます。

いわし雲《ぐも》大《おお》いなる瀬《せ》をさかのぼる　飯田蛇笏《いいだだこつ》
鰯雲《いわしぐも》甕担《かめかつ》がれてうごき出《だ》す　石田波郷《いしだはきょう》
ふるさとのおむすび山《やま》や鰯雲《いわしぐも》　桜井彦夫《さくらいひこお》
窓《まど》あけば家《いえ》よろこびぬ秋《あき》の雲《くも》　小澤《おざわ》　實《みのる》
さかあがり秋《あき》の雲《くも》見《み》てできちゃった　小柳琴美《こやなぎことみ》（小4）

秋の空

【月《つき》】月《つき》が四季《しき》の中《なか》でいちばん美《うつく》しく見《み》えるのは、大気《たいき》が澄《す》み切《き》ってくる秋《あき》です。俳句《はいく》で月《つき》といえば秋《あき》の季語《きご》になります。昔《むかし》から多《おお》くの詩歌《しいか》に詠《よ》まれてきました。

月《つき》はやしこずゑ《え》はあめを持《もち》ながら　芭蕉《ばしょう》
月天心《つきてんしん》※16貧《まず》しき町《まち》を通《とお》りけり　蕪村《ぶそん》
ほつ《（つ）》と月《つき》がある東京《とうきょう》に来《き》てゐ《い》る　種田山頭火《たねださんとうか》
こんなよい月《つき》を一人《ひとり》で見《み》て寝《ね》る　尾崎放哉《おざきほうさい》
大《おお》いなる月《つき》と歩《あゆ》みて一日《ひとひ》了《お》ふ《う》※17　山田《やまだ》みづえ

【十五夜《じゅうごや》】旧暦《きゅうれき》八月《はちがつ》十五日《じゅうごにち》の満月《まんげつ》の夜《よる》を十五夜《じゅうごや》、良夜《りょうや》といい、秋《あき》の月《つき》の中《なか》でもとくに美《うつく》しいとされています。名月《めいげつ》、今日《きょう》の月《つき》ともいって、芒《すすき》、月見団子《つきみだんご》、新芋《しんいも》などを供《そな》えてまつり、月見《つきみ》をします。

名月《めいげつ》や池《いけ》をめぐりて夜《よ》もすがら　芭蕉《ばしょう》
名月《めいげつ》を取《とっ》てくれろと泣《な》く子哉《こかな》　一茶《いっさ》
人《ひと》それぞれ書《しょ》を読《よ》んでゐ《い》る良夜《りょうや》かな　山口青邨《やまぐちせいそん》
十五夜《じゅうごや》の雲《くも》のあそびてかぎりなし　後藤夜半《ごとうやはん》
けふ《きょう》の月《つき》長《なが》いすすきを活《い》けにけり　阿波野青畝《あわのせいほ》

※16 月天心《つきてんしん》…月《つき》が空《そら》の真《ま》ん中《なか》にあるという意味《いみ》です。

※17 了《お》ふ《う》…終《お》える。

【無月《むげつ》】旧暦《きゅうれき》八月《はちがつ》十五日《じゅうごにち》の夜《よる》、名月《めいげつ》が雲《くも》におおわれて見《み》えないことをいいます。また、雨《あめ》が降《ふ》って見《み》えないことを雨月《うげつ》といいます。

立《た》てかけて雨月《うげつ》の傘《かさ》の皆黒《みなくろ》し　大野林火《おおのりんか》
舟底《ふなぞこ》を無月《むげつ》の波《なみ》のたたく音《おと》　木村蕪城《きむらぶじょう》
草踏《くさふ》んで獣通《けものとお》りし無月《むげつ》かな　廣瀬直人《ひろせなおと》

【十六夜《いざよい》】旧暦《きゅうれき》八月《はちがつ》十六日《じゅうろくにち》の夜《よる》、または月《つき》のことをいいます。前夜《ぜんや》の十五夜《じゅうごや》の月《つき》を惜《お》しむような気持《きもち》でながめるため、どこかおもむきがあるものです。

十六夜《いざよい》や囁《ささや》く人《ひと》のうしろより　千代女《ちよじょ》
十六夜《いざよい》の出先《でさき》へかかる電話《でんわ》かな　鈴木真砂女《すずきまさじょ》

【十三夜《じゅうさんや》】旧暦《きゅうれき》九月《くがつ》十三日《じゅうさんにち》の夜《よる》で、月《つき》は名月《めいげつ》の一《いっ》カ月《げつ》後《ご》なので後《のち》の月《つき》ともいいます。十五夜《じゅうごや》と同《おな》じように供《そな》えものをしてまつります。栗名月《くりめいげつ》、豆名月《まめめいげつ》とも呼《よ》ばれます。

遠《とお》ざかりゆく下駄《げた》の音《おと》十三夜《じゅうさんや》　久保田万太郎《くぼたまんたろう》
くくくくと鳥昇《とりのぼ》りゆく後《のち》の月《つき》　石《いし》寒太《かんた》

【流《なが》れ星《ぼし》】宇宙《うちゅう》の塵《ちり》が地球《ちきゅう》の大気圏《たいきけん》に入《はい》り、燃《も》えて発光《はっこう》するものです。秋《あき》のはじめの夜空《よぞら》によく見《み》られ、流星《りゅうせい》、星飛《ほしと》ぶともいいます。

流星《りゅうせい》を見《み》しより私《わたくし》だけの部屋《へや》　山田《やまだ》みづえ

星飛《ほしと》ぶや掌《て》にいつ《(っ)》ぱいの金平糖《こんぺいとう》　三木《みき》あゆみ

ふるような星《ほし》の中《なか》から流《なが》れ星《ぼし》　今枝秀二郎《いまえだしゅうじろう》(小4)

【天《あま》の川《がわ》】夜空《よぞら》に見《み》える帯状《おびじょう》の星《ほし》の集《あつ》まりです。まるで宇宙《うちゅう》の大河《たいが》のように見《み》えます。銀河《ぎんが》、銀漢《ぎんかん》ともいいます。

荒海《あらうみ》※18や佐渡《さど》に横《よこ》たふ天河《あまのがわ》　芭蕉《ばしょう》

海原《うなばら》に銀漢《ぎんかん》の尾《お》の触《ふ》れてゐ《い》む《ん》　西村和子《にしむらかずこ》

眠《ねむ》るとき銀河《ぎんが》が見《み》えてゐ《い》ると思《おも》ふ《う》　石田郷子《いしだきょうこ》

天《あま》の川《がわ》図鑑《ずかん》の星《ほし》をみつけたよ　泉川祐弥《いずみかわゆうや》(小6)

【星月夜《ほしづきよ》】月《つき》の出《で》ていない秋《あき》の夜《よる》、星《ほし》の光《ひかり》がまるで月《つき》のように明《あか》るく見《み》えることをいいます。「ほしづくよ」とも読《よ》みます。

いくたびも仔狐《こぎつね》の来《く》る星月夜《ほしづくよ》　山田《やまだ》みづえ

※18 荒海《あらうみ》…波《なみ》の荒《あら》い海《うみ》。

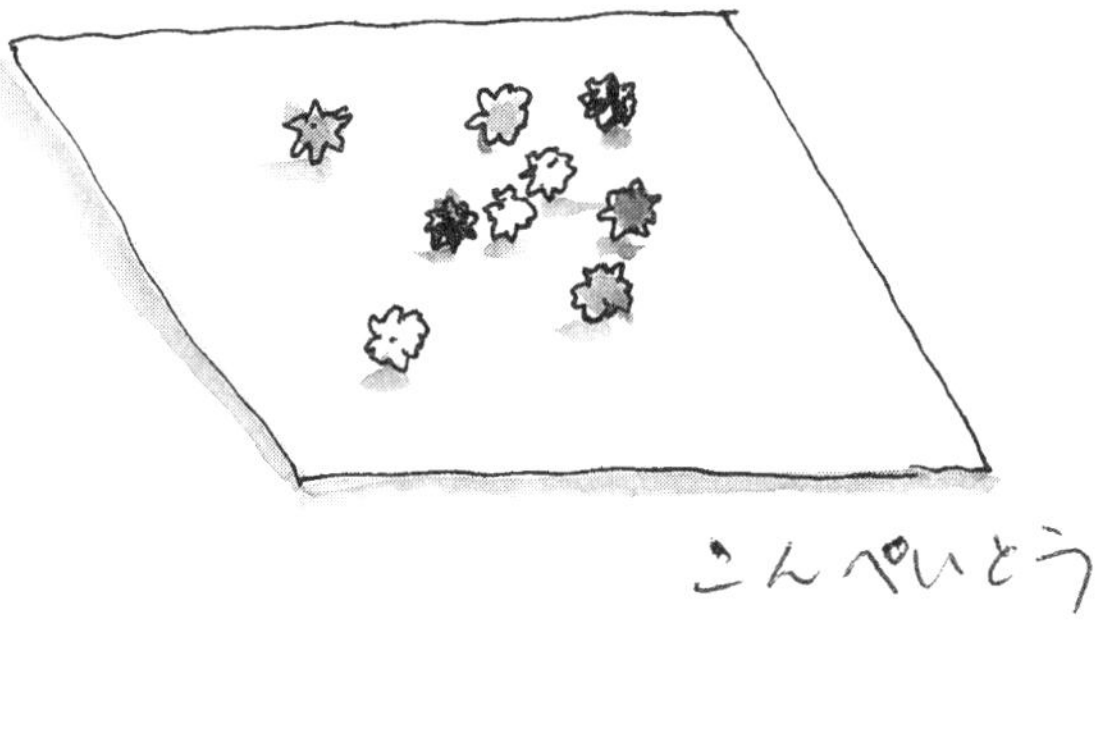

【秋《あき》の風《かぜ》】秋《あき》の風《かぜ》には初秋《しょしゅう》のさわやかな風《かぜ》もあれば、晩秋《ばんしゅう》の身《み》にしみるような冷《つめ》たい風《かぜ》もありますが、春《はる》や夏《なつ》とちがって少《すこ》しさびしい感《かん》じがあります。秋風《あきかぜ》ともいいます。

石山《いしやま》の石《いし》より白《しろ》し秋《あき》の風《かぜ》　芭蕉《ばしょう》

淋《さび》しさに飯《めし》をくふ也《なり》秋《あき》の風《かぜ》　一茶《いっさ》

秋風《あきかぜ》や模様《もよう》のちがふ皿《さら》二《ふた》つ　原《はら》　石鼎《せきてい》

あきかぜのふきぬけゆくや人《ひと》の中《なか》　久保田万太郎《くぼたまんたろう》

吹《ふ》きおこる秋風鶴《あきかぜつる》をあゆましむ　石田波郷《いしだはきょう》

足元《あしもと》がやさしくなりぬ秋《あき》の風《かぜ》　山田《やまだ》みづえ

【台風《たいふう》】熱帯低気圧《ねったいていきあつ》の一種《いっしゅ》で強《つよ》い暴風雨《ぼうふうう》をともないます。夏《なつ》の終《おわ》りごろからしきりに日本《にっぽん》におとずれ、洪水《こうずい》などの被害《ひがい》をもたらします。

颱風《たいふう》をよろこぶ子等《こら》と籠《こも》りゐ《い》る　篠原鳳作《しのはらほうさく》

人《ひと》ごゑ《え》もポプラも台風圏《たいふうけん》に入《い》る　山田《やまだ》みづえ

台風《たいふう》のあとや散《ち》らばる木々《きぎ》の骨《ほね》　海津篤子《かいづあつこ》

台風《たいふう》の近《ちか》づく土《つち》のかがやけり　石田郷子《いしだきょうこ》

台風《たいふう》が大分県《おおいたけん》にやってきた　松木綾香《まつきあやか》（小5）

台風《たいふう》が風《かぜ》をぞよぞよよせてくる　高橋義彦《たかはしよしひこ》（小4）

台風

【野分《のわけ》】秋《あき》に吹《ふ》く暴風《ぼうふう》です。野《の》の草木《くさき》を吹《ふ》き分《わ》けてゆくほどの強《つよ》い風《かぜ》という意《い》味《み》でこう呼《よ》ばれます。

大《おお》いなるものが過《す》ぎ行《ゆ》く野分《のわけ》かな　高浜虚子《たかはまきょし》

夕空《ゆうぞら》が夜明《よあ》けの如《ごと》し野分《のわけ》あと　長嶺千晶《ながみねちあき》

【秋《あき》の雨《あめ》】秋雨《あきさめ》ともいい、秋《あき》になって降《ふ》る雨《あめ》です。九月《くがつ》に入《はい》り秋雨前線《あきさめぜんせん》ができると、梅雨《つゆ》とよく似《に》たぐずついた天気《てんき》が続《つづ》きますが、これを秋《あき》の長雨《ながあめ》、秋霖《しゅうりん》といいます。ぱらぱらと降《ふ》ってすぐ止《や》む雨《あめ》は秋《あき》の時雨《しぐれ》といいます。

秋《あき》しぐれ塀《へい》をぬらしてやみにけり　久保田万太郎《くぼたまんたろう》

秋《あき》の雨《あめ》しづかに午前《ごぜん》をはりけり　日野草城《ひのそうじょう》

秋雨《あきさめ》の瓦斯《ガス》が飛《と》びつく燐寸《マッチ》かな　中村汀女《なかむらていじょ》

【稲妻《いなずま》】空中《くうちゅう》の放電現象《ほうでんげんしょう》にともなって夜空《よぞら》に見《み》える光《ひかり》です。稲《いね》の実《みの》るころに見《み》られる現象《げんしょう》なのでこう呼《よ》びます。稲光《いなびかり》ともいいます。

いなびかり北《きた》よりすれば北《きた》を見《み》る　橋本多佳子《はしもとたかこ》

いなづまにつめたき籠《かご》の野菜《やさい》かな　大野林火《おおのりんか》

稲妻《いなずま》や夜《よ》も語《かた》りゐる葦《あし》と沼《ぬま》　木下夕爾《きのしたゆうじ》

【霧《きり》】地表近《ちひょうちか》くの気温《きおん》が下《さ》がって空気中《くうきちゅう》の水蒸気《すいじょうき》が水滴《すいてき》となり煙《けむり》のように浮《う》かんでいる現象《げんしょう》を霧《きり》といいます。高《たか》いところに発生《はっせい》すると雲《くも》、水滴《すいてき》が大《おお》きくなって浮《う》かんでいられなくなると雨《あめ》になります。

白樺《しらかば》を幽《かす》かに霧《きり》のゆく音《おと》か　水原秋櫻子《みずはらしゅうおうし》

ぱらりぽろんと柏林《かしわばやし》の霧雫《きりしずく》　山田《やまだ》みづえ

吾《われ》の眼《め》も光《ひか》りてをるか霧《きり》の中《なか》　海津篤子《かいづあつこ》

【露《つゆ》】夜《よる》に気温《きおん》が下《さ》がって空気中《くうきちゅう》の水蒸気《すいじょうき》が水滴《すいてき》となり、草《くさ》や葉《は》や石《いし》ころなどの表面《ひょうめん》について水《みず》の玉《たま》になったものを露《つゆ》といいます。また、露《つゆ》がおりて大気《たいき》が湿《しめ》った感《かん》じを露《つゆ》けしといいます。白露《しらつゆ》、露《つゆ》の玉《たま》、朝露《あさつゆ》などのいい方《かた》があります。里芋《さといも》の葉《は》の上《うえ》に降《お》りた露《つゆ》のことを芋《いも》の露《つゆ》と呼《よ》びます。

白露《しらつゆ》や茨《いばら》の刺《はり》にひとつづつ　蕪村《ぶそん》

芋《いも》の露《つゆ》連山《れんざん》※19影《かげ》を正《ただ》しう《しゅう》す　飯田蛇笏《いいだだこつ》

露《つゆ》けさの千里《せんり》※20を走《はし》りたく思《おも》ふ《う》　佐藤鬼房《さとうおにふさ》

露《つゆ》けしや見《み》えて動《うご》きし駅時計《えきどけい》　石田《いしだ》いづみ

露《つゆ》の玉《たま》落《お》ちてもぐらの目《め》とならむ《ん》　木幡冬馬《こはたとうま》

風《かぜ》くればダンスのようないものつゆ　藤野《ふじの》なつみ（小4）

白樺林

芋の露

※19 連山《れんざん》…つらなっている山々《やまやま》のこと。

※20 千里《せんり》…遠《とお》い距離《きょり》のことをいいます。

【秋《あき》の山《やま》】秋《あき》の空気《くうき》は澄《す》んでいるので山《やま》も間近《まぢか》に見《み》えるようです。紅葉《こうよう》した山《やま》を山《やま》よそおうともいいます。

鳥獣《ちょうじゅう》※21のごとくたのしや秋《あき》の山《やま》　山口青邨《やまぐちせいそん》

あかちゃんのこえこだまする秋《あき》の山《やま》　すわこうし（小2）

秋《あき》の山《やま》いっぱいふくをもっている　坂内《さかうち》ゆきひと（小2）

秋の山

【秋《あき》の野《の》】秋《あき》の草花《くさばな》が咲《さ》き、虫《むし》が鳴《な》いていたりします。秋《あき》の野《の》は美《うつく》しいものです。

秋《あき》の野《の》に鈴《すず》鳴《な》らし行《ゆ》く人《ひと》見《み》えず　川端康成《かわばたやすなり》

【花野《はなの》】いちめんに美《うつく》しい秋《あき》の草花《くさばな》が咲《さ》き満《み》ちた野《の》で、広々《ひろびろ》とした高原《こうげん》のようなところで見《み》られます。

天渺々《てんびょうびょう》※22笑ひ《わらい》たくなりし花野《はなの》かな　渡辺水巴《わたなべすいは》

花野《はなの》ゆく小舟《こぶね》のごとき乳母車《うばぐるま》　八染藍子《やそめあいこ》

※21 **鳥獣《ちょうじゅう》**…鳥《とり》とけもの（動物《どうぶつ》）。

※22 **天渺々《てんびょうびょう》**…天《てん》（空《そら》）が、果《は》てしなく広《ひろ》いこと。

【水澄《みずす》む】秋《あき》は大気《たいき》も澄《す》んできますが、川《かわ》や池《いけ》などの水《みず》も透明《とうめい》さを増《ま》し、底《そこ》まではっきり見《み》えるようになります。このように澄《す》んだ水《みず》を秋《あき》の水《みず》、秋水《しゅうすい》といいます。

魚《うお》の眼《め》のするどくなりぬ秋《あき》の水《みず》　佐藤紅緑《さとうこうろく》

草《くさ》にふれ秋水走《しゅうすいはし》りわかれけり　中村汀女《なかむらていじょ》

正座《せいざ》してこころ水澄《みずす》む方《かた》へ行《ゆ》く　村越化石《むらこしかせき》

【秋《あき》の川《かわ》】秋《あき》の川《かわ》は水《みず》が澄《す》み切《き》って清《きよ》らかな感《かん》じがします。赤《あか》とんぼが飛《と》んでいたり、紅葉《もみじ》が映《うつ》っていたりします。

秋《あき》の川真白《かわましろ》な石《いし》を拾《ひろ》ひけり　夏目漱石《なつめそうせき》

見《み》るかぎり同《おな》じ速《はや》さの秋《あき》の川《かわ》　山口誓子《やまぐちせいし》

【秋《あき》の海《うみ》】夏《なつ》が終《お》わって人気《ひとけ》の少《すく》なくなった秋《あき》の海《うみ》は、さわやかで静《しず》かな感《かん》じがします。秋《あき》の潮《しお》は満《み》ち引《ひ》きの差《さ》がはげしいので、潮《しお》が引《ひ》いたあとなどさびしさが増《ま》します。

見《み》るうちに高《たか》まさる※23浪《なみ》や秋《あき》の海《うみ》　原《はら》　石鼎《せきてい》

秋潮《あきしお》の紺張《こんみなぎ》れる力《ちから》かな　波多野爽波《はたのそうは》

波《なみ》の音《おと》だけになったよ秋《あき》の海《うみ》　石灰桃子《いしばいももこ》（小5）

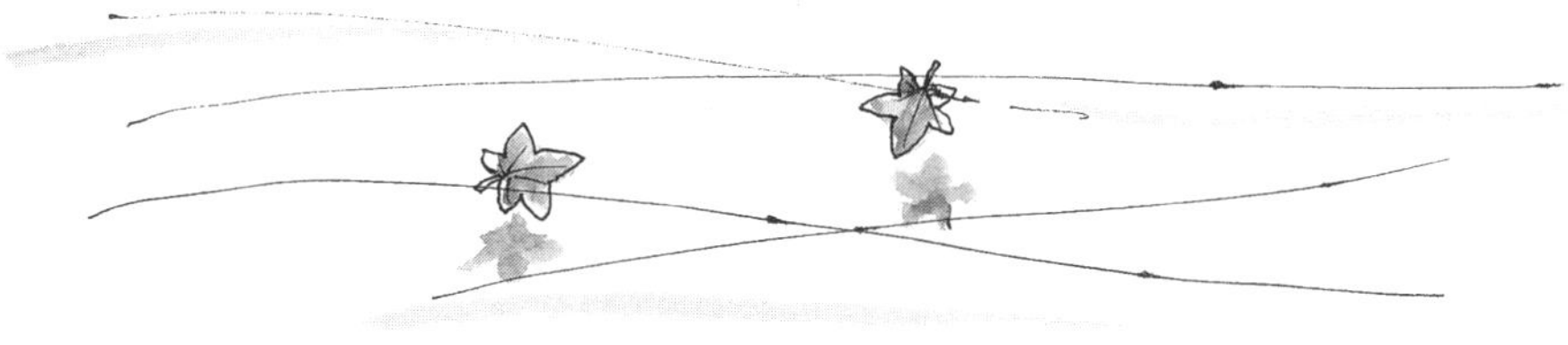

※23 高《たか》まさる…高《たか》さが増《ま》す。

【運動会《うんどうかい》】スポーツの秋《あき》ともいいますが、秋《あき》には学校《がっこう》や会社《かいしゃ》などでさかんに運動《うんどう》会《かい》が行《おこ》なわれます。春《はる》にも行《おこ》なわれますが、俳句《はいく》では秋《あき》の季語《きご》になっています。

秋晴《あきばれ》の運動会《うんどうかい》をしてゐ《い》るよ　富安風生《とみやすふうせい》

雨降《あめふ》るな小《ち》さき運動会《うんどうかい》の天《てん》　辻田克巳《つじたかつみ》

運動会《うんどうかい》たい風《ふう》みたいに走《はし》りたい　有田洋輔《ありたようすけ》（小3）

【夜学《やがく》】昼間《ひるま》働《はたら》いて夜《よる》勉強《べんきょう》する人《ひと》のための学校《がっこう》のことです。また、秋《あき》の灯《ひ》の下《した》でひとりで勉強《べんきょう》することや、夜間《やかん》に塾《じゅく》に行《い》って学《まな》ぶことなども夜学《やがく》と呼《よ》びます。秋《あき》は気候《きこう》がよく、勉強《べんきょう》するのにふさわしい季節《きせつ》として秋《あき》の季語《きご》となっています。

音《おと》もなく星《ほし》の燃《も》えゐ《い》る夜学《やがく》かな　橋本鶏二《はしもとけいじ》

翅青《はねあお》き虫《むし》きてまとふ夜学《やがく》かな　木下夕爾《きのしたゆうじ》

【新米《しんまい》】今年《ことし》収穫《しゅうかく》したお米《こめ》です。いっぱんに九月《くがつ》から十月《じゅうがつ》にかけて収穫《しゅうかく》します。新米《しんまい》を炊《た》いたごはんはやわらかく、よい香《かお》りがします。

新米《しんまい》にまだ草《くさ》の実《み》の匂《にお》ひ《い》哉《かな》　蕪村《ぶそん》

新米《しんまい》を詰《つ》められ袋《ふくろ》立《た》ちあがる　江川千代八《えがわちよはち》

新米

【枝豆《えだまめ》】まだ熟《じゅく》していない青《あお》い大豆《だいず》で、さやごと茹《ゆ》でてから食《た》べます。枝《えだ》（くき）ごと茹《ゆ》でることが多《おお》かったので枝豆《えだまめ》といいます。夏《なつ》のうちから出《で》まわりますが、立秋《りっしゅう》を過《す》ぎてからさかんに出荷《しゅっか》されます。十五夜《じゅうごや》の月《つき》に供《そな》えるため、月見豆《つきみまめ》とも呼《よ》ばれます。

枝豆《えだまめ》や三寸《さんずん》飛《と》※24んで口《くち》に入《い》る　正岡子規《まさおかしき》

【夜食《やしょく》】夕食《ゆうしょく》のあと、夜遅《よるおそ》くなってとる軽《かる》い食事《しょくじ》のことです。会社《かいしゃ》などでの夜業《やぎょう》や受験勉強《じゅけんべんきょう》などでとることが多《おお》くなりました。

ほ《お》ほばれるかほ《お》を見《み》あひ《い》て夜食《やしょく》かな　森川暁水《もりかわぎょうすい》

夜食《やしょく》とる連帯感《れんたいかん》の如《ごと》きもの　後藤比奈夫《ごとうひなお》

【夜《よ》なべ】夜遅《よるおそ》くまで仕事《しごと》をすることをいいます。秋《あき》から冬《ふゆ》にかけての夜《よる》が長《なが》いころには、いつまでも起《お》きていて仕事《しごと》をすることが多《おお》くなります。

叱《しか》られて口笛《くちぶえ》やめし夜《よ》なべかな　斎藤俳小星《さいとうはいしょうせい》

※24　三寸《さんずん》…一寸《いっすん》は約《やく》三《さん》センチ。三寸《さんずん》はだいたいの長《なが》さをあらわすときによく使《つか》うことば。

【秋《あき》の灯《ひ》】秋《あき》の夜《よる》にともす明《あ》かりのことです。澄《す》んだ感《かん》じとなつかしい感《かん》じがします。また、秋《あき》の灯《ひ》の下《した》で読書《どくしょ》などをして過《す》ごすことを灯《とう》火《か》親《した》しむといいます。

燈下《とうか》親《した》し声《こえ》かけて子《こ》の部屋《へや》に入《い》る　細川加賀《ほそかわかが》

秋《あき》の灯《ひ》にひらがなばかり母《はは》の文《ふみ》※25　倉田紘文《くらたこうぶん》

【松手入《まつていれ》】松《まつ》の木《き》の手入《てい》れは、松《まつ》の新葉《しんは》が成長《せいちょう》する秋《あき》に行《おこ》ないます。木《き》の形《かたち》をととのえるために、古《ふる》い葉《は》を取《と》りのぞき、枝《えだ》を切《き》るなどします。手入《てい》れが終《おわ》った松《まつ》はすがすがしいものです。

切《き》りし枝《えだ》ふはりと落《お》とす松手入《まつていれ》　右城暮石《うしろぼせき》

きらきらと松葉《まつば》が落《お》ちる松手入《まつていれ》　星野立子《ほしのたつこ》

【冬仕度《ふゆじたく》】冬《ふゆ》に向《む》かってさまざまな準備《じゅんび》をすることです。冬用《ふゆよう》の服《ふく》や布団《ふとん》を用意《ようい》したり、暖房《だんぼう》をととのえたりします。雪国《ゆきぐに》ではとくに雪《ゆき》に対《たい》するいろいろな備《そな》えが必要《ひつよう》です。冬用意《ふゆようい》ともいいます。

この冬《ふゆ》をここに越《こ》すべき冬仕度《ふゆじたく》　富安風生《とみやすふうせい》

納屋《なや》のもの取《と》り出《だ》してあり冬仕度《ふゆじたく》　上村占魚《うえむらせんぎょ》

※25 文《ふみ》…手紙《てがみ》。

薪《まき》をたくわえ冬支度《ふゆじたく》

つけものだる

【豊年《ほうねん》】豊《とよ》の秋《あき》ともいいます。風水害《ふうすいがい》もなく、稲《いね》などの穀物《こくもつ》のよく実《みの》った年《とし》のことです。

畦《あぜ》の子《こ》のこけしに似《に》たり豊《とよ》の秋《あき》　今井《いまい》つる女《じょ》

豊年《ほうねん》や切手《きって》をのせて舌甘《したあま》し　秋元不死男《あきもとふじお》

【秋《あき》の田《た》】稲《いね》が実《みの》って黄金色《こがねいろ》に色《いろ》づいた田《た》のことです。

秋《あき》の田《た》にものを落《おと》して※26晩鴉《ばんあ》過《す》ぐ　山口誓子《やまぐちせいし》

秋《あき》の田《た》の父呼《ちちよ》ぶ声《こえ》の徹《とお》るなり　田中鬼骨《たなかきこつ》

【案山子《かかし》】「かがし」とも読《よ》みます。穀物《こくもつ》を鳥《とり》などの被害《ひがい》から守《まも》るために、竹《たけ》やわらなどでつくった人形《にんぎょう》にきものを着《き》せたり、笠《かさ》などをかぶせて田畑《たはた》のあぜに立《た》てるものです。空砲《くうほう》を撃《う》ったり（威《おど》し銃《づつ》）、ピカピカ光《ひかり》るテープやガラス玉《だま》などで鳥《とり》を寄《よ》せつけないしかけを鳥威《とりおど》しといいます。

目《め》の前《まえ》にひらひらするは鳥威《とりおど》し　高浜虚子《たかはまきょし》

倒《たお》れたる案山子《かかし》の顔《かお》の上《うえ》に天《てん》　西東三鬼《さいとうさんき》

かかしから強風警報《きょうふうけいほう》出《で》てをりぬ　木幡冬馬《こはたとうま》

※26 **晩鴉《ばんあ》**…夕方《ゆうがた》にねぐら（寝《ね》るところ）に帰《かえ》るカラスのこと。

秋の田

【稲刈《いねか》り】実《みの》った稲《いね》を刈《か》り取《と》る作業《さぎょう》のことです。九月《くがつ》から十月《じゅうがつ》にかけてさかんに行《おこ》なわれます。今《いま》では機械《きかい》で刈《か》り取《と》ることが多《おお》くなっていますが、以前《いぜん》はすべて手《て》で刈《か》り取《と》りました。また、刈《か》った稲《いね》をかけて干《ほ》すために、横《よこ》に渡《わた》した木《き》を稲《いね》かけ、または稲架《はさ》（はざ）といいます。

稲刈《いねか（っ）》つて畦《あぜ》は緑《みどり》に十文字《じゅうもんじ》　高野素十《たかのすじゅう》

五六歩《ごろっぽ》を蝶《ちょう》のまつはる稲架日和《はざびより》※27　下村《しもむら》ひろし

稲《いね》つかみ刈《か》る時《とき》一気《いっき》にかまを引《ひ》く　渡辺絵里《わたなべえり》（小6）

かけいねが前髪《まえがみ》みたいにたれている　嶺《みね》　晴香《はるか》（小6）

どんどんと山《やま》になってく稲《いね》の束《たば》　衛藤《えとう》　藍《あい》（小5）

【刈田《かりた》】稲《いね》を刈《か》ったあとの田《た》をいいます。いちめんに切《き》り株《かぶ》が並《なら》んでいます。刈《か》ったあとに新《あたら》しく青《あお》い芽《め》が出《で》ているものがありますが、これをひつじと呼《よ》び、そのような切《き》り株《かぶ》の並《なら》んだ田《た》をひつじ田《だ》といいます。

いちまいの刈田《かりた》となりてただ日《ひ》なた　長谷川素逝《はせがわそせい》

刈田《かりた》の子《こ》とんぼがへりをして遊《あそ》ぶ　白川朝帆《しらかわあさほ》

穭田《ひつじだ》に大社《たいしゃ》※28雀《すずめ》来《き》て遊《あそ》ぶ　村山古郷《むらやまこきょう》

※27　**稲架日和《はざびより》**…稲刈《いねか》りのころの晴天《せいてん》、または稲《いね》を刈《か》って干《ほ》すのにふさわしいようなよい天気《てんき》をいいます。

※28　**大社《たいしゃ》**…歴史《れきし》のある大《おお》きな神社《じんじゃ》、または出雲大社《いづもたいしゃ》のこと。

ひつじ田

【わら塚《づか》】にともいいます。刈《か》り入《い》れの終《お》わった田《た》にわらの束《たば》を積《つ》み上《あ》げたものです。

藁塚《わらづか》まで畦曲《あぜまが》りゆく見事《みごと》さよ　水原秋櫻子《みずはらしゅうおうし》
けふ《きょう》寒《さむ》き藁塚《わらづか》に手《て》をさし入《い》れぬ　中村草田男《なかむらくさたお》

【踊《おど》り】俳句《はいく》で踊《おど》りといえば、盆踊《ぼんおど》りのことをさします。もともとは先祖《せんぞ》の霊《れい》をなぐさめるためのものです。広場《ひろば》や神社《じんじゃ》などの境内《けいだい》で、櫓《やぐら》をつくってそのまわりをすすみながら、唄《うた》に合《あ》わせて踊《おど》ります。

四五人《しごにん》に月落《つきお》ちかかるを《お》どり哉《かな》　蕪村《ぶそん》
てのひらをかへ《え》せばすすむ踊《おど》りかな　阿波野青畝《あわのせいほ》
通《とお》り雨《あめ》を《お》どり通《とお》してはれにけり　松本《まつもと》たかし

【相撲《すもう》】昔《むかし》、相撲《すもう》は宮中《きゅうちゅう》の行事《ぎょうじ》（相撲《すもう》の節会《せちえ》※29）として秋《あき》に行《おこ》なわれていました。今《いま》でも職業《しょくぎょう》としての相撲《すもう》とは別《べつ》に、秋《あき》の収穫《しゅうかく》を感謝《かんしゃ》するなど、神事《しんじ》※30の一《ひと》つとして行《おこ》なわれます。また、いっぱんの人《ひと》が娯楽《ごらく》として楽《たの》しむことを草相撲《くさずもう》といいます。角力《すもう》とも書《か》きます。

草角力《くさずもう》風《かぜ》より迅《はや》く勝《か》ちにけり　萩原麦草《はぎわらばくそう》

わらづか

※29 節会《せちえ》…古代《こだい》、朝廷《ちょうてい》で、季《き》節《せつ》の変《か》わり目《め》の日《ひ》などに行《おこ》なわれた行事《ぎょうじ》のこと。

※30 神事《しんじ》…神《かみ》をまつる行事《ぎょうじ》。

【菊人形《きくにんぎょう》】菊《きく》の花《はな》や葉《は》でつくった人形《にんぎょう》で、歌舞伎《かぶき》の名場面《めいばめん》などを再現《さいげん》しています。東京両国《とうきょうりょうごく》の国技館《こくぎかん》などでの展示《てんじ》が有名《ゆうめい》です。

菊人形蕾《きくにんぎょうつぼみ》ばかりの青《あお》ごろも　能村登四郎《のむらとしろう》

【芋煮会《いもにかい》】秋《あき》の行楽《こうらく》の一《ひと》つです。河原《かわら》に大《おお》きななべをすえて、里芋《さといも》、牛肉《ぎゅうにく》、こんにゃく、ねぎなどを煮込《にこ》んで食《た》べます。東北地方《とうほくちほう》でさかんです。

月山《がっさん》の見《み》ゆと芋煮《いもに》てあそびけり　水原秋櫻子《みずはらしゅうおうし》

芋煮会寺《いもにかいてら》の大鍋《おおなべ》借《か》りて来《き》ぬ　細谷鳩舎《ほそやきゅうしゃ》

【原爆忌《げんばくき》】昭和二十年八月六日《しょうわにじゅうねんはちがつむいか》に広島《ひろしま》に、九日《ここのか》には長崎《ながさき》に原子爆弾《げんしばくだん》が投下《とうか》されました。この悲惨《ひさん》なできごとを二度《にど》とくりかえさないために、祈《いの》りをこめて毎年《まいとし》平和祈念式典《へいわきねんしきてん》が行《おこな》われます。両方《りょうほう》の日《ひ》を原爆忌《げんばくき》といい、六日《むいか》を広島忌《ひろしまき》、九日《ここのか》を長崎忌《ながさきき》といいます。広島忌《ひろしまき》は立秋《りっしゅう》の前《まえ》なので、夏《なつ》の季語《きご》とされることもあります。

彎曲《わんきょく》※31し火傷《かしょう》※32し爆心地《ばくしんち》のマラソン　金子兜太《かねことうた》

ヒロシマ忌泳《きおよ》ぎし素足《すあし》地《ち》を濡《ぬ》らす　鈴木六林男《すずきむりお》

原爆忌一《げんばくきひと》つ吊輪《つりわ》に数多《あまた》※33の手《て》　山崎《やまざき》ひさを

※31　彎曲《わんきょく》…弓《ゆみ》なりにまがること。

※32　火傷《かしょう》…やけど。

※33　数多《あまた》…たくさん。

【七夕《たなばた》】旧暦《きゅうれき》の七月七日《しちがつなのか》、今《いま》でいうと八月《はちがつ》の行事《ぎょうじ》ですが、七月《しちがつ》に行《おこ》なわれることもあります。笹竹《ささだけ》（七夕竹《たなばただけ》）に願《ねが》い事《ごと》の短冊《たんざく》や飾《かざ》りをつるして、書道《しょどう》や裁縫《さいほう》の上《じょう》達《たつ》を祈《いの》る風習《ふうしゅう》があります。また、年《ねん》に一度《いちど》、この日《ひ》に織姫《おりひめ》と彦星《ひこぼし》が天《あま》の川《がわ》であうという恋《こい》の伝説《でんせつ》はよく知《し》られています。星祭《ほしまつり》、星合《ほしあい》ともいいます。

七夕《たなばた》や髪《かみ》ぬれしまま人《ひと》に逢《あ》ふ《う》　橋本多佳子《はしもとたかこ》

七夕《たなばた》の子《こ》の前髪《まえがみ》を切《き》りそろふ《う》　大野林火《おおのりんか》

七夕竹《たなばただけ》畳《たたみ》の上《うえ》に出来上《できあが》る　千葉皓史《ちばこうし》

七夕《たなばた》や莢《さや》鳴《な》つ《（つ）》てゐ《い》る豆畑《まめばたけ》　藺草慶子《いぐさけいこ》

【盆《ぼん》】七月十三日《しちがつじゅうさんにち》から十六日《じゅうろくにち》にかけての仏教《ぶっきょう》の行事《ぎょうじ》で、旧暦《きゅうれき》では秋《あき》の行事《ぎょうじ》です。魂《たま》棚《だな》という棚《たな》をつくり野菜《やさい》などをそなえ、十三日《じゅうさんにち》の夕方《ゆうがた》には家《いえ》の前《まえ》で迎《むか》え火《び》（門《かど》火《び》）をたき先祖《せんぞ》の霊《れい》を迎《むか》えます。このときはきゅうりやなすに足《あし》をつけ、馬《うま》（瓜《うり》の馬《うま》、茄子《なす》の馬《うま》）にみたてます。それにのって霊《れい》が帰《かえ》ってくると信《しん》じられてきました。お経《きょう》をあげて、十六日《じゅうろくにち》には送《おく》り火《び》をたいて霊《れい》を送《おく》りだします。うら盆《ぼん》、うら盆会《ぼんえ》というのが正式《せいしき》な呼《よ》びかたで、魂祭《たままつり》ともいいます。

門川《かどかわ》※34にうつる門火《かどび》を焚《た》きにけり　安住敦《あずみあつし》

おもかげ※35や二《ふた》つ傾《かたむ》く瓜《うり》の馬《うま》　石田波郷《いしだはきょう》

瀬《せ》しぶきに洗《あら》ひ《い》て盆《ぼん》の瓜《うり》なすび　鷲谷七菜子《わしたにななこ》

海《うみ》に出《で》て日《ひ》は海照《うみて》らす魂《たま》まつり　吉田汀史《よしだていし》

※34 **門川《かどかわ》**…家《いえ》の出入《でい》り口《ぐち》にある小《ちい》さな川《かわ》。

※35 **おもかげ**…記憶《きおく》の中《なか》にある姿《すがた》。

なすのうま、うりのうま

【墓参《はかまい》り】うら盆《ぼん》の墓参《はかまい》りのことです。墓参《はかまい》りは春《はる》と秋《あき》の彼岸《ひがん》にもしますが、ただ墓参《はかまい》りというと秋《あき》のうら盆《ぼん》のころの墓参《はかまい》りをさします。墓参《ぼさん》ともいいます。

蜥蜴《とかげ》の尾《お》ちよ《（よ）》ろりと失《う》せぬ墓参《はかまい》り　牛山一庭人《うしやまいっていじん》

ひとり来《き》てお盆《ぼん》の過《す》ぎし墓《はか》を掃《は》く　清崎敏郎《きよさきとしお》

【終戦記念日《しゅうせんきねんび》】昭和二十年《しょうわにじゅうねん》、日本《にっぽん》はポツダム宣言《せんげん》※36を受諾《じゅだく》（受《う》け入《い》れること）し、八月十五日《はちがつじゅうごにち》に第二次世界大戦《だいにじせかいたいせん》が終了《しゅうりょう》しました。この日《ひ》は二度《にど》と戦争《せんそう》をしないことと平和《へいわ》を誓《ちか》う日《ひ》として、戦争《せんそう》で亡《な》くなった方々《かたがた》を追悼《ついとう》します。終戦日《しゅうせんび》、敗戦日《はいせんび》ともいいます。

終戦日沖《しゅうせんびおき》へ崩《くず》るる雲《くも》ばかり　渡邊千枝子《わたなべちえこ》

いつまでもいつも八月十五日《はちがつじゅうごにち》　綾部仁喜《あやべじんき》

【震災記念日《しんさいきねんび》】大正十二年九月一日《たいしょうじゅうにねんくがつついたち》、関東大震災《かんとうだいしんさい》が起《お》こりました。地震《じしん》による火災《かさい》で、東京《とうきょう》は焼《や》け野原《のはら》になりました。この日《ひ》は犠牲者《ぎせいしゃ》に対《たい》する慰霊祭《いれいさい》が行《おこ》なわれます。震災忌《しんさいき》といいます。

万巻《まんがん》※37の書《しょ》のひそかなり震災忌《しんさいき》　中村草田男《なかむらくさたお》

震災忌置《しんさいきお》く箸《はし》の音匙《おとさじ》の音《おと》　三橋敏雄《みつはしとしお》

墓参り

※36 **ポツダム宣言《せんげん》**…アメリカ、中国《ちゅうごく》、イギリスなどが日本《にっぽん》に対《たい》して出《だ》した戦争終結《せんそうしゅうけつ》の宣言《せんげん》。

※37 **万巻《まんがん》**…たくさんの書物《しょもつ》。

【敬老《けいろう》の日《ひ》】九月十五日《くがつじゅうごにち》、国民《こくみん》の祝日《しゅくじつ》です。老人《ろうじん》を敬《うやま》い大切《たいせつ》にする日《ひ》で、老人《ろうじん》ホームなどではお年寄《としよ》りのためのもよおしが行《おこ》なわれます。老人《ろうじん》の日《ひ》ともいいます。

神妙《しんみょう》に※38敬老《けいろう》の日《ひ》を過《す》ごさばや※39　相生垣瓜人《あいおいがきかじん》

【赤《あか》い羽根《はね》】十月《じゅうがつ》に街頭《がいとう》で行《おこ》なわれる共同募金《きょうどうぼきん》です。寄附《きふ》をした人《ひと》の胸《むね》に赤《あか》い羽根《はね》がつけられます。愛《あい》の羽根《はね》ともいいます。

赤《あか》い羽根《はね》つけてどこへも行《ゆ》かぬ母《はは》　加倉井秋《かくらいあき》を

【体育《たいいく》の日《ひ》】十月《じゅうがつ》の第二月曜日《だいにげつようび》に定《さだ》められた国民《こくみん》の祝日《しゅくじつ》です。スポーツ大会《たいかい》や、運動会《うんどうかい》がさかんに行《おこ》なわれます。現在《げんざい》は「スポーツの日《ひ》」といいます。

体育《たいいく》の日《ひ》の雀《すずめ》らも遠出《とおで》して　樋笠《ひかさ》　文《ふみ》

【文化《ぶんか》の日《ひ》】十一月三日《じゅういちがつみっか》は、明治天皇《めいじてんのう》の誕生日《たんじょうび》で、国民《こくみん》の祝日《しゅくじつ》です。毎年《まいとし》この日《ひ》には、文化《ぶんか》に貢献《こうけん》した人《ひと》たちに文化勲章《ぶんかくんしょう》が授《さず》けられます。

一斉《いっせい》に牛《うし》のふり向《む》く文化《ぶんか》の日《ひ》　境野大波《さかいのだいは》

※38 **神妙《しんみょう》に**…すなおに、おとなしく。

※39 **過《す》ごさばや**…「過《す》ごそう」という意味。「ばや」は「〜しよう」という意味《いみ》の助詞《じょし》です。

【秋祭《あきまつり》】収穫《しゅうかく》を感謝《かんしゃ》して行《おこ》なわれる秋《あき》の祭《まつり》です。

豆腐屋《とうふや》が寄付《きふ》を集《あつ》めに秋祭《あきまつり》　阿部《あべ》みどり女《じょ》

神《かみ》さまの名《な》のむつかしき秋祭《あきまつり》　米澤吾亦紅《よねざわわれもこう》

石段《いしだん》のはじめは地《じ》べた秋祭《あきまつり》　三橋敏雄《みつはしとしお》

【鹿《しか》】鹿《しか》は奈良市《ならし》の奈良公園《ならこうえん》で放《はな》し飼《が》いにされているなど、日本人《にっぽんじん》にとってはなじみ深《ぶか》い動物《どうぶつ》です。秋《あき》の繁殖期《はんしょくき》に雄鹿《おすじか》がピーッと高《たか》い声《こえ》で雌鹿《めすじか》を呼《よ》ぶ声《こえ》が印象《いんしょう》的《てき》なので、秋《あき》の季語《きご》としています。

鹿鳴《しかな》くと言《い》ふ風《かぜ》の音《おと》ばかりかな　千代田葛彦《ちよだくずひこ》

制服《せいふく》の少女《しょうじょ》あふれて鹿《しか》の奈良《なら》　加藤三七子《かとうみなこ》

【猪《いのしし》】「しし」とも読《よ》みます。猪《いのしし》は、秋《あき》の終《お》わりに山《やま》から出《で》てきて田畑《たはた》を荒《あ》らすので、猪垣《ししがき》を作《つく》ったりして防《ふせ》ぎます。猪《いのしし》の子《こ》は体《からだ》に縞《しま》もようがあるので「瓜坊《うりぼう》」と呼《よ》ばれ、食用《しょくよう》にするために飼《か》われることもあります。

猪《しし》の出《で》ることを静《しず》かに話《はな》しをり　後藤夜半《ごとうやはん》

【蛇《へび》穴《あな》に入《い》る】蛇《へび》は寒《さむ》くなると穴《あな》に入《はい》って冬眠《とうみん》します。ひとつの穴《あな》に数匹《すうひき》から数十匹《すうじゅっぴき》集《あつ》まり、からみ合《あ》って眠《ねむ》るといわれています。そのころになってもまだ穴《あな》に入《はい》らない蛇《へび》を穴《あな》まどい、または秋《あき》の蛇《へび》と呼《よ》んでいます。

蛇《へび》穴《あな》に入《い》る前《まえ》すこし遊《あそ》びけり　能村登四郎《のむらとしろう》

穴《あな》に入《い》る蛇《へび》あかあかとかがやけり　沢木欣一《さわききんいち》

【渡《わた》り鳥《どり》】秋《あき》になると、北《きた》の方《ほう》から日本《にほん》で冬《ふゆ》を越《こ》すために、鴨《かも》、雁《かり》などの水辺《みずべ》の鳥《とり》をはじめ、つぐみ、ひわなどの山地《さんち》の鳥《とり》が群《むれ》をなして渡《わた》ってきます。鶴《つる》来《く》る、鷹《たか》渡《わた》るなどのいい方《かた》もします。また、小《ちい》さな鳥《とり》のときは小鳥《ことり》来《く》るといい、ただ小《こ》鳥《とり》ともいいます。

鳥《とり》わたるこきこきこきと罐《かん》切《き》れば　秋元不死男《あきもとふじお》

渡《わた》り鳥《どり》みるみるわれの小《ち》さくなり　上田五千石《うえだごせんごく》

鳥《とり》渡《わた》るもはや返書《へんしょ》の来《こ》ぬものと　久保田須彌《くぼたしゅみ》

思《おも》ふことかがやいてきし小鳥《ことり》かな　石田郷子《いしだきょうこ》

小鳥《ことり》くるめざまし時計《どけい》なっている　田沼悠樹《たぬまゆうき》（小5）

広島《ひろしま》の空《そら》をすぎゆくわたり鳥《どり》　吉村公太朗《よしむらこうたろう》（小3）

【馬肥《うまこ》ゆる】「天高《てんたか》く馬肥《うまこ》ゆる（太《ふと》る）秋《あき》」ということばがあるように、馬《うま》は寒《さむ》さにそなえて皮下脂肪《ひかしぼう》をたくわえます。そのため秋《あき》には太《ふと》って毛並《けなみ》みもつやつやしてきます。

曲《まが》り家《や》※40に可愛《かわい》がられて馬肥《うまこ》ゆる　大橋越央子《おおはしえつおうし》

馬肥《うまこ》えてかがやき流《なが》る最上川《もがみがわ》　村山古郷《むらやまこきょう》

【稲雀《いなすずめ》】田《た》んぼに稲《いね》の実《みの》るころ、それを食《た》べにたくさん集《あつ》まってくる雀《すずめ》のことです。大《おお》きな音《おと》をたてるといっせいに飛《と》び立《た》つのですが、またすぐに別《べつ》の田《た》に移《うつ》って稲穂《いなほ》をついばむので、かかしを立《た》てたり、鳴子《なるこ》※41などの音《おと》でおどかしたりして農家《のうか》は防《ふせ》ぐのに大変《たいへん》です。

稲雀《いなすずめ》降《お》りんとするや大《おお》うねり　村上鬼城《むらかみきじょう》

大目玉《おおめだま》くらつ《（つ）》てきたる稲雀《いなすずめ》　中山耆楓《なかやましふう》

【鵙《もず》】秋晴《あきば》れの日《ひ》など、高《たか》い木《き》や電柱《でんちゅう》などにとまって、尾《お》を上下《じょうげ》に振《ふ》りながらキーッと鳴《な》く鵙《もず》（百舌鳥《もず》）は小《ちい》さな鳥《とり》ですが肉食《にくしょく》で、昆虫《こんちゅう》、蛙《かえる》、とかげなどをとらえます。秋《あき》にはえさを木《き》の枝《えだ》などに刺《さ》しておく習性《しゅうせい》があり、刺《さ》してあるえさを鵙《もず》のはやにえ※42と呼《よ》んでいます。

※40 **曲《まが》り家《や》**…平面図《へいめんず》がL《エル》字《じ》になっているつくりの家《いえ》で、突《つ》き出《だ》した部分《ぶぶん》がうまや（馬《うま》を飼《か》う小屋《こや》）になっています。

※41 **鳴子《なるこ》**…田畑《たはた》の作物《さくもつ》を荒《あ》らす鳥《とり》を追《お》い払《はら》うためのしかけで、小《ちい》さい板《いた》に竹《たけ》をかけつらねてなわにつけ、引《ひ》くと音《おと》がします。

※42 **にえ**…神《かみ》にささげる食《た》べものをいいます。

ある朝《あさ》の鵙《もず》ききしより日々《ひび》の鵙《もず》　安住《あずみ》　敦《あつし》
学校《がっこう》の二階《にかい》に朝日《あさひ》鵙《もず》鳴《な》けり　茨木和生《いばらきかずお》

【椋鳥《むくどり》】「むく」とも読《よ》みます。黒《くろ》っぽい体《からだ》に黄色《きいろ》いくちばしとあしを持《も》つ鳥《とり》で、秋《あき》に東北地方《とうほくちほう》から暖《あたた》かい地方《ちほう》へ移動《いどう》します。電線《でんせん》や鉄塔《てっとう》に群《む》れているとさかんに鳴《な》いてやかましいですが、果実《かじつ》のほかに稲田《いなだ》の害虫《がいちゅう》もよく食《た》べるので益鳥《えきちょう》とされています。

椋鳥《むくどり》のぶつかり合《あ》ひて渡《わた》りけり　渡辺白泉《わたなべはくせん》
椋鳥《むくどり》の黄色《きいろ》の足《あし》が芝歩《しばある》く　坊城《ぼうじょう》としあつ

【きつつき】秋《あき》に山林《さんりん》を歩《ある》いていると、小《こ》だいこを叩《たた》くような乾《かわ》いた高《たか》い音《おと》が聞《き》こえてくることがあります。それはコゲラ、アカゲラなどのきつつきの仲間《なかま》が虫《むし》をとらえるために木《き》の幹《みき》にくちばしで穴《あな》をあけている音《おと》です。けらつつきともいいます。

啄木鳥《きつつき》や落葉《おちば》をいそぐ牧《まき》の木々《きぎ》　水原秋櫻子《みずはらしゅうおうし》
啄木鳥《きつつき》のこぼせるものの落《お》ちもこず　皆吉爽雨《みなよしそうう》

きつつき

【鮭《さけ》】川《かわ》の上流《じょうりゅう》で卵《たまご》からかえって、海《うみ》へ下《くだ》って成長《せいちょう》した鮭《さけ》は、六《ろく》、七年《しちねん》経《た》つとまた、もとの川《かわ》に戻《もど》ってきます。卵《たまご》を産《う》むためで、九月《くがつ》ごろ川《かわ》をさかのぼります。途中《とちゅう》で網《あみ》に捕《と》られたり、熊《くま》やわしなどの大《おお》きな動物《どうぶつ》に狙《ねら》われながら、長《なが》い旅《たび》をつづける姿《すがた》は感動的《かんどうてき》です。

鮭《さけ》のぼり来《く》る撲《う》たれても撲《う》たれても　道《みち》山《やま》昭《しょう》爾《じ》

川《かわ》全《すべ》て鮭《さけ》の光《ひかり》となりにけり　佐《さ》藤《とう》緑《りょく》芽《が》

【さんま】九月《くがつ》ごろ大群《たいぐん》をなして北《きた》から南《みなみ》の海《うみ》へと回遊《かいゆう》するさんまは青《あお》みがかった細長《ほそなが》い魚《さかな》です。あぶらののった焼《や》きたてのさんまは、秋《あき》の味覚《みかく》の代表《だいひょう》です。

腹《はら》わたはどうも苦手《にがて》や秋刀魚《さんま》食《た》ぶ　高《たか》木《ぎ》晴《はる》子《こ》

虹色《にじいろ》の秋刀魚《さんま》の口《くち》のとがってる　吉《よし》村《むら》正《まさ》恵《え》（小6）

【秋《あき》のほたる】ほたるはいっぱんに八月《はちがつ》に入《はい》ると姿《すがた》を見《み》かけなくなりますが、平家《へいけ》ぼたるは、九月《くがつ》に入《はい》っても川辺《かわべ》などで光《ひか》っていることがあります。夏《なつ》に見《み》かけるほたるとちがってあわれさが感《かん》じられます。

ゆらゆらと秋《あき》の蛍《ほたる》の水《みず》に落《お》つ　寺《てら》田《だ》寅《とら》彦《ひこ》

たましひ《い》のたとへ《え》ば秋《あき》のほたるかな　飯《いい》田《だ》蛇《だ》笏《こつ》

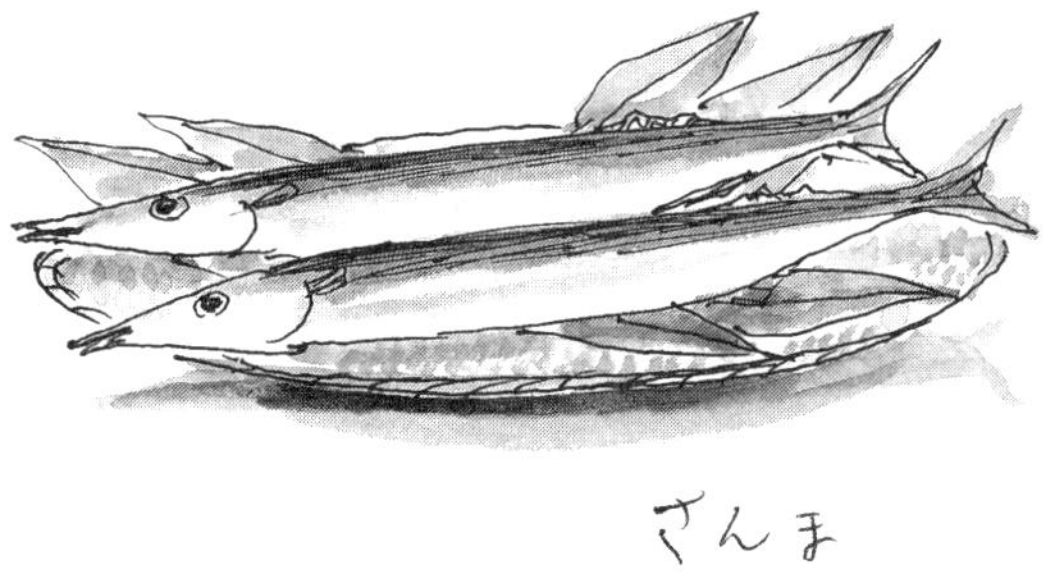

さんま

【秋《あき》の蚊《か》】秋《あき》の蚊《か》といっても、夕方《ゆうがた》に戸外《こがい》を飛《と》んでいるたけだけしい縞《しま》もようのやぶ蚊《か》、温度《おんど》が低《ひく》くなって弱々《よわよわ》しくなった家《いえ》の中《なか》の蚊《か》などいろいろです。

秋《あき》の蚊《か》のよろよろと来《き》て人《ひと》を刺《さ》す　正岡子規《まさおかしき》
珈琲《コーヒー》に近《ちか》づく秋《あき》の蚊《か》なりけり　津高里永子《つたかりえこ》
秋《あき》の蚊《か》やげんかん開《あ》くのを待《ま》っている　鈴木千鶴《すずきちづる》（小4）

【秋《あき》の蝶《ちょう》】秋《あき》も終《おわ》りに近《ちか》づくと、蝶《ちょう》の数《かず》は減《へ》り、飛《と》びかたも弱々《よわよわ》しくなります。

高浪《たかなみ》をくぐりて秋《あき》の蝶《ちょう》黄《き》なり　村上鬼城《むらかみきじょう》

【とんぼ】大《おお》きな目《め》と透《す》きとおった四枚《よんまい》の羽《はね》を持《も》つとんぼは飛《と》びながら小《ちい》さな虫《むし》を食《た》べます。幼虫《ようちゅう》はヤゴと呼《よ》ばれ、水中《すいちゅう》に住《す》んでいます。鬼《おに》やんま、銀《ぎん》やんまなどの大型《おおがた》のとんぼや、赤《あか》とんぼ、しおからとんぼなど、すいすいと空《そら》を飛《と》ぶすがたは秋《あき》の景色《けしき》にぴったりです。俳句《はいく》ではとんぼうともいいます。

赤蜻蛉《あかとんぼ》筑波《つくば》※43に雲《くも》もなかりけり　正岡子規《まさおかしき》
とどまればあたりにふゆる蜻蛉《とんぼ》かな　中村汀女《なかむらていじょ》
セロファンの音《おと》して翻《かえ》※44る鬼《おに》やんま　平井《ひらい》さち子《こ》
トンボとぶ忘《わす》れた心《こころ》もどすため　林《はやし》　玲美《れみ》（小5）

※43 **筑波《つくば》**…茨城県《いばらきけん》にある筑波《つくば》山《さん》のこと。連歌《れんが》にゆかりのある地《ち》とされています。

※44 **翻《かえ》る**…ひるがえる。

筑波山頂

【秋《あき》の蟬《せみ》】かなかなとよく響《ひび》く美《うつく》しい声《こえ》で鳴《な》くひぐらしや、八月《はちがつ》のなかばから鳴《な》きはじめるつくつくぼうしなどもふくめて、秋《あき》に鳴《な》いている蟬《せみ》のことです。夏《なつ》のうるさいほどの鳴《な》き声《ごえ》とはちがってあわれなさびしさを感《かん》じさせます。

遠《とお》き樹《き》に眩《まぶ》しさ残《のこ》る秋《あき》の蟬《せみ》　林《はやし》　翔《しょう》

学校《がっこう》へ来《こ》ない少年《しょうねん》秋《あき》の蟬《せみ》　藺草《いぐさ》慶子《けいこ》

つくつくぼうしいっぱいとまると木《き》がなくよ　吉村《よしむら》正恵《まさえ》（小6）

【かげろう】体長《たいちょう》一《いっ》センチぐらいで透明《とうめい》な羽《はね》を持《も》つ昆虫《こんちゅう》です。幼虫《ようちゅう》は三年《さんねん》ぐらい水中《すいちゅう》にいますが、羽化《うか》して卵《たまご》を産《う》むと数時間《すうじかん》で死《し》ぬので、はかないもののたとえにも使《つか》われます。

かげろふの歩《ある》けば見《み》ゆる細《ほそ》き髭《ひげ》　星野《ほしの》立子《たつこ》

蜉蝣《かげろう》やわが身辺《しんぺん》に来《き》て死《し》せり　和田《わだ》悟朗《ごろう》

【虫《むし》】俳句《はいく》では秋《あき》に鳴《な》く虫《むし》をまとめて「虫《むし》」と呼《よ》び、おもに草《くさ》むらで鳴《な》く虫《むし》のことをいいます。こおろぎ、松虫《まつむし》、鈴虫《すずむし》、きりぎりすなどがいます。虫時雨《むししぐれ》というのは、いっせいに鳴《な》いているたくさんの虫《むし》の声《こえ》をいいます。

テーブルの下《した》の旅路《たびじ》やきりぎりす　寺山《てらやま》修司《しゅうじ》

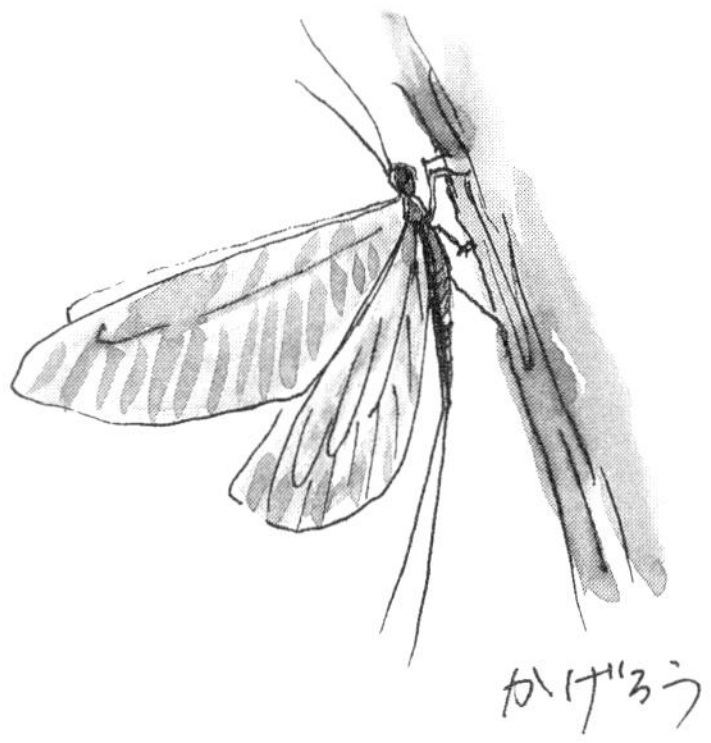

虫《むし》の夜《よ》の星空《ほしぞら》に浮《う》く地球《ちきゅう》かな　大峯《おおみね》あきら
こほ《お》ろぎや塩《しお》も砂糖《さとう》もくらがりに　鍵和田《かぎわだ》秞子《ゆうこ》
夜《よ》ふかしをしてゐ《い》ていい日《ひ》虫時雨《むししぐれ》　西嶋《にしじま》あさ子《こ》
虫《むし》をきくじぞうの耳《みみ》がおちそうだ　大内《おおうち》隆太《りゅうた》（小1）

【ばった】ばったは、俳句《はいく》では、飛《と》ぶときの音《おと》からきちきち、はたはたとも呼《よ》ばれます。殿《との》さまばった、しょうりょうばったなど種類《しゅるい》が多《おお》く、イネ科《か》の植物《しょくぶつ》を食《た》べるので、ときには農作物《のうさくもつ》に被害《ひがい》を与《あた》えることもあります。

しづ《ず》かなる力満《ちからみ》ちゆき螇蚸《ばった》とぶ　加藤《かとう》楸邨《しゅうそん》
はたはたのをり《お》をり《お》飛《と》べる野《の》のひかり　篠田《しのだ》悌二郎《ていじろう》

【いなご】ばったより小《ちい》さい黄緑色《きみどりいろ》の昆虫《こんちゅう》です。田《た》んぼや草原《くさはら》に発生《はっせい》して稲《いね》を食《た》べてしまうので害虫《がいちゅう》とされています。つくだ煮《に》などにするとおいしいので、よくいなご捕《と》りにでかけたものですが、このごろは農薬《のうやく》などで数《かず》がぐんと減《へ》ってしまいました。

ふみはづ《ず》す蝗《いなご》の顔《かお》の見《み》ゆるかな　高浜《たかはま》虚子《きょし》
蝗《いなご》捕《と》る朝《あさ》のうちなら跳《は》ねないから　平井《ひらい》照敏《しょうびん》

コオロギ

【かまきり】頭《あたま》は小《ちい》さく逆三角形《ぎゃくさんかっけい》でくるくる回《まわ》り、前《まえ》あしは鎌《かま》か斧《おの》のような形《かたち》をしています。怒《おこ》らせると、どんな相手《あいて》にでも前《まえ》あしを振《ふ》りかざして立《た》ち向《む》かってゆきます。交尾《こうび》のあと、雌《めす》は雄《おす》を食《た》べてしまいます。羽《はね》で空中《くうちゅう》を飛《と》ぶこともできます。とうろう、いぼむしりともいいます。

かりかりと蟷螂《とうろう》蜂《はち》の皃《かお》を食《は》む　山口誓子《やまぐちせいし》
蟷螂《とうろう》のを《お》りを《お》り人《ひと》に似《に》たりけり　相生垣瓜人《あいおいがきかじん》
トンネルを抜《ぬ》ける車中《しゃちゅう》の蟷螂《とうろう》と　津高里永子《つたかりえこ》
かまきりがぼくのおもちゃにとまってた　澤本潤平《さわもとじゅんぺい》（小2）

【みの虫《むし》】糸《いと》を出《だ》して木《こ》の葉《は》や小枝《こえだ》をくっつけて袋状《ふくろじょう》の巣《す》（みの）をつくり、枝《えだ》などにぶら下《さ》がっている虫《むし》です。みのの中《なか》にいたままで移動《いどう》もできます。雄《おす》は春《はる》になると蛾《が》になって出《で》てゆきますが、雌《めす》は一生《いっしょう》その中《なか》から出《で》ません。鬼《おに》の子《こ》ともいいます。

蓑虫《みのむし》のきりきり舞《まい》の暮《く》れかかる　谷野予志《たにのよし》
蓑虫《みのむし》の蓑《みの》あまりにもありあはせ　飯島晴子《いいじまはるこ》
みの虫《むし》があたたかそうな家《いえ》つくる　萩《はぎ》　健太郎《けんたろう》（小3）

カマキリ

【芋虫《いもむし》】蝶《ちょう》や蛾《が》の幼虫《ようちゅう》ですが、とくに芋《いも》の葉《は》を食《た》べるのは雀蛾《すずめが》の幼虫《ようちゅう》、みかんなどの葉《は》にいるのは柚子坊《ゆずぼう》といわれる揚羽蝶《あげはちょう》の幼虫《ようちゅう》です。ころころと太《ふと》った毛《け》の生《は》えていない姿《すがた》を気味《きみ》悪《わる》く思《おも》う人《ひと》もいるかもしれません。

芋虫《いもむし》が肥《こ》えて気儘《きまま》な空《そら》の艶《いろ》　飯田龍太《いいだりゅうた》

いも虫《むし》の波《なみ》うつように歩《ある》きけり　尾中《おなか》彩《あや》（小3）

【もくせい】きんもくせいのことです。常緑樹《じょうりょくじゅ》で、秋《あき》にだいだい色《いろ》の小《ちい》さな花《はな》がたくさんかたまって咲《さ》き、甘《あま》い香《かお》りをただよわせます。白《しろ》い花《はな》のぎんもくせいという種類《しゅるい》もあります。

銀木犀《ぎんもくせい》身《み》じろげばまた香《か》もゆらぐ　篠田悌二郎《しのだていじろう》

木犀《もくせい》のおもひ《い》がけないゆきどまり　松澤《まつざわ》昭《あきら》

【むくげ】よく庭《にわ》に植《う》えられている木《き》で、ピンクか白《しろ》の大《おお》きめな五弁《ごべん》の花《はな》が鮮《あざ》やかです。花《はな》は夜《よる》にはしぼみますが、暑《あつ》さがまだ残《のこ》るころに、次々《つぎつぎ》と新《あたら》しく咲《さ》いて目《め》を楽《たの》しませてくれます。花《はな》びらのつけねが紅色《べにいろ》のものを底紅《そこべに》と呼《よ》んでいます。

道《みち》のべの木槿《むくげ》は馬《うま》にくはれ《わ》けり　芭蕉《ばしょう》

底紅《そこべに》や黙《だま》つ《（っ）》てあがる母《はは》の家《いえ》　千葉皓史《ちばこうし》

キンモクセイ

ムクゲ

【ふよう】観賞用《かんしょうよう》の低木《ていぼく》で、手《て》のひらのような葉《は》を持《も》ち、秋《あき》のはじめに花《はな》びらが五枚《ごまい》でピンク色《いろ》や白《しろ》の大《おお》きな花《はな》が咲《さ》きます。花《はな》ふようともいいます。花《はな》は一日《いちにち》でしぼみ、やがて鈴《すず》のような実《み》がなります。

佇《た》つときのいつも風《かぜ》ある芙蓉《ふよう》かな　加倉井秋《かくらいあき》を

どれもまだやはらかなりし芙蓉《ふよう》の実《み》　青柳志解樹《あおやぎしげき》

【桃《もも》】桃《もも》の実《み》は八月《はちがつ》ごろから収穫《しゅうかく》します。うぶ毛《げ》の生《は》えた皮《かわ》をむくと、甘《あま》くて汁《しる》気《け》の多《おお》い果肉《かにく》があらわれ、中《なか》に大《おお》きな種《たね》が一《ひと》つあります。水蜜桃《すいみつとう》とも呼《よ》びます。白桃《はくとう》という種類《しゅるい》もあります。

白桃《はくとう》に入《い》れし刃先《はさき》の種《たね》を割《わ》る　橋本多佳子《はしもとたかこ》

白桃《はくとう》を洗《あら》ふ誕生《たんじょう》の子《こ》のごとく　大野林火《おおのりんか》

水蜜桃《すいみつとう》しばし受《う》けたる皿《さら》の冷《ひ》え　原子公平《はらここうへい》

【梨《なし》】八月《はちがつ》から九月《くがつ》にかけて収穫《しゅうかく》されるくだものです。さくさくとして歯《は》ざわりがよく、その上《うえ》甘《あま》くて水分《すいぶん》が多《おお》いのでのどのかわきをいやしてくれます。

海《うみ》に会《あ》えばたちまち青《あお》き梨剝《なしむ》きたり　金子兜太《かねことうた》

おかあさんなしむきながら話《はなし》きく　森田圭美《もりたたまみ》（小2）

ナシ・洋ナシ

【柿《かき》】柿《かき》の木《き》は、夏《なつ》の終《おわ》りに青《あお》い実《み》をつけ、秋《あき》に葉《は》が落《お》ちはじめると、実《み》はすっかりオレンジ色《いろ》になり、甘《あま》くなります。渋柿《しぶがき》は皮《かわ》をむき、つるして干《ほ》すと甘《あま》くなります。

柿《かき》くへば鐘《かね》が鳴《な》るなり法隆寺《ほうりゅうじ》　正岡子規《まさおかしき》
柿《かき》といふ温《あたた》かきもの冷《つめ》たきもの　石田勝彦《いしだかつひこ》

【りんご】おもに北国《きたぐに》で栽培《さいばい》されるくだもので、さわやかな酸味《さんみ》や香《かお》りと、さくさくした歯《は》ざわりがあります。アップルパイやジュースにもします。紅色《べにいろ》のほかに黄色《きいろ》いものなどいろいろな種類《しゅるい》があります。

星空《ほしぞら》へ店《みせ》より林檎《りんご》あふれをり《お》　橋本多佳子《はしもとたかこ》
林檎園《りんごえん》やはらかき草《くさ》踏《ふ》みて入《い》る　岸田稚魚《きしだちぎょ》

【ぶどう】ぶどうはつる性《せい》の落葉樹《らくようじゅ》で、秋《あき》には紫《むらさき》や緑色《みどりいろ》のふさ状《じょう》の実《み》がなります。甘《あま》くて酸味《さんみ》があり、ワインやジュースにもなります。

黒《くろ》きまで紫深《むらさきふか》き葡萄《ぶどう》かな　正岡子規《まさおかしき》
葡萄《ぶどう》食《く》ふ一語一語《いちごいちご》の如《ごと》くにて　中村草田男《なかむらくさたお》
朝刊《ちょうかん》を大《おお》きくひらき葡萄《ぶどう》食《く》ふ　石田波郷《いしだはきょう》

カキ

リンゴ

【栗《くり》】山野《さんや》に自生《じせい》※45していますが、栽培《さいばい》もされます。秋《あき》にいが（とげのついた皮《かわ》）に包《つつ》まれた実《み》がなります。いがの中《なか》には、茶色《ちゃいろ》のかたい皮《かわ》に包《つつ》まれた実《み》が二《ふた》つか三《みっ》つ並《なら》んで入《はい》っています。果肉《かにく》は黄色《きいろ》で、ほのかに甘《あま》くほくほくしています。焼栗《やきぐり》や栗《くり》ごはんなどにして食《た》べます。

美《うつく》しき栗鼠《りす》の歯形《はがた》や一《ひと》つ栗《くり》　前田普羅《まえだふら》
栗飯《くりめし》のまつ《（っ）》たき※46栗《くり》にめぐりあふ《う》　日野草城《ひのそうじょう》
知《し》らぬ子《こ》とあう《お》てはなれて栗拾《くりひろ》ふ《う》　藤後左右《とうごさゆう》
たくさんの栗《くり》を拾《ひろ》って栗《くり》ご飯《はん》　渡辺《わたなべ》さゆり（中1）
おっとっとくりにはとげがありました　おのゆうき（小2）

【くるみ】山地《さんち》に自生《じせい》する落葉樹《らくようじゅ》で、秋《あき》にゴルフボールほどのかたい実《み》をつけます。種子《しゅし》はおいしくて栄養《えいよう》があり、菓子《かし》にもよく使《つか》われます。

暫《しばら》く聴《き》けり猫《ねこ》が転《まろ》ばす胡桃《くるみ》の音《おと》　石田波郷《いしだはきょう》
荷《に》を解《と》けば信濃《しなの》※47胡桃《くるみ》の転《ころ》がる音《おと》　吉田北舟子《よしだほくしゅうし》
父《ちち》といふ《う》しづけさにゐ《い》て胡桃割《くるみわ》る　上田五千石《うえだごせんごく》

※45 **自生《じせい》**…自然《しぜん》に生《は》えること。
※46 **まつ《（っ）》たき**…完全《かんぜん》な。
※47 **信濃《しなの》**…いまの長野県《ながのけん》をいいます。

【ざくろ】古《ふる》くからアジアにある果樹《かじゅ》で、秋《あき》に直径《ちょっけい》八《はっ》センチほどの朱色《しゅいろ》の丸《まる》い実《み》がなります。熟《じゅく》すと皮《かわ》がさけて、赤《あか》い種皮《しゅひ》※48に包《つつ》まれたこまかい種《たね》がいっぱいつまっているのが見《み》えます。種皮《しゅひ》は生《なま》で食《た》べられますが、とてもすっぱい味《あじ》がします。

柘榴《ざくろ》裂《さ》け古《ふる》き家《や》ぬち※49の日《ひ》の透《とお》る　松村蒼石《まつむらそうせき》

稲妻《いなずま》に夜々《よよ》なめられし柘榴《ざくろ》かな　川島彷徨子《かわしまほうこうし》

【いちじく】たまごほどの大《おお》きさの紅紫色《こうししょく》のくだもので、たての縞《しま》もようがあります。皮《かわ》をむくとねっとりした甘《あま》い果肉《かにく》が出《で》てきます。よく庭木《にわき》として植《う》えられます。

無花果《いちじく》のゆたかに実《みの》る水《みず》の上《うえ》　山口誓子《やまぐちせいし》

いちじくのけふ《きょう》の実《み》二《ふた》つたべにけり　日野草城《ひのそうじょう》

【柚子《ゆず》】庭《にわ》にもよく植《う》えられる木《き》で、黄色《きいろ》くてでこぼこしたみかんほどの実《み》がなります。皮《かわ》や果汁《かじゅう》によい香《かお》りがあるので、なべ料理《りょうり》などの調味料《ちょうみりょう》に使《つか》います。

実《み》をあまたつけたる柚子《ゆず》の日向《ひなた》かな　渋沢渋亭《しぶさわしぶてい》

子《こ》の置《お》きし柚子《ゆず》に灯《ひ》のつく机《つくえ》かな　飴山實《あめやまみのる》

※48 **種皮《しゅひ》**…たねのまわりの部分《ぶぶん》。

※49 **家《や》ぬち**…家《いえ》の中《なか》。「ぬち」は「内《うち》」の古語《こご》です。

ユズ

【あけび】つる性《せい》の植物《しょくぶつ》で、庭《にわ》に棚《たな》をつくって育《そだ》てることもあります。秋《あき》に、だ円形《えんけい》のうす紫色《むらさきいろ》の実《み》をつけ、熟《じゅく》すとたてに口《くち》をあけたようにさけてきます。果《か》肉《にく》は白《しろ》く甘《あま》くやわらかで、小《ちい》さな黒《くろ》い種《たね》がたくさん入《はい》っています。

大空《おおぞら》にそむきて通草《あけび》裂《さ》け初《そ》めぬ　長谷川《はせがわ》かな女《じょ》
電球《でんきゅう》の切《き》れつ《（っ）》ぱなしの通草《あけび》かな　石田《いしだ》勝彦《かつひこ》

【木《こ》の実《み》】どんぐりや椎《しい》の実《み》などのいろいろな木《こ》の実《み》をいいます。風《かぜ》がなくてもひとりでに音《おと》をたてて落《お》ちます。

団栗《どんぐり》の寝《ね》ん寝《ね》んころりころり哉《かな》　一茶《いっさ》
よろこべばしきりに落《お》つる※50木《こ》の実《み》かな　富安《とみやす》風生《ふうせい》
どんぐりに広《ひろ》き掌《てのひら》日曜日《にちようび》　山田《やまだ》　葵《あおい》
どんぐりは落葉《おちば》のやねにかくれてる　笹田《ささだ》ゆき（小5）

※50 落《お》つる…落《お》ちる。

あけび

【ぎんなん】いちょうの実《み》のことです。街路樹《がいろじゅ》としてよく植《う》えられるいちょうの木《き》には、雄《おす》の木《き》と雌《めす》の木《き》があり、雌《めす》の木《き》には秋《あき》に直径《ちょっけい》二《に》センチほどの丸《まる》い黄色《きいろ》い実《み》がなります。種皮《しゅひ》に包《つつ》まれた種《たね》の中身《なかみ》を、焼《や》いたり茶《ちゃ》わんむしに入《い》れたりして食《た》べます。種皮《しゅひ》には悪臭《あくしゅう》があります。

銀杏《ぎんなん》が落《お》ちたる後《のち》の風《かぜ》の音《おと》　中村汀女《なかむらていじょ》
銀杏《ぎんなん》にちりぢりの空《そら》暮《く》れにけり　芝《しば》　不器男《ふきお》

【紅葉《もみじ》】こうようとも読《よ》みます。落葉樹《らくようじゅ》の葉《は》が秋《あき》に、鮮《あざ》やかな紅色《べにいろ》や黄色《きいろ》などに変《か》わることをいいます。赤《あか》くなるものにはかえでやうるしなどがあり、黄色《きいろ》くなるものにはけやきや銀杏《いちょう》などがあります。黄色《きいろ》になるものを黄葉《もみじ》と書《か》きます。桜《さくら》の紅葉《もみじ》や柿《かき》の紅葉《もみじ》も美《うつく》しいものです。色《いろ》とりどりに紅葉《こうよう》したあとに、葉《は》は散《ち》ってしまいます。紅葉《こうよう》を見《み》るために行楽《こうらく》に出《で》かけることを紅葉狩《もみじがり》といいます。

かちかち山《やま》雑木《ぞうき》紅葉《もみじ》の色《いろ》となりぬ　山口青邨《やまぐちせいそん》
わが旅《たび》の紅葉《もみじ》いよいよ濃《こ》かりけり　高浜年尾《たかはまとしお》
ごみ箱《ばこ》のどれにも銀杏黄葉《いちょうもみじ》溢《あふ》る　右城暮石《うしろぼせき》
桜紅葉天《さくらもみじてん》がまばらに見《み》えにけり　草間時彦《くさまときひこ》
こどもの手《て》いつもあたたか紅葉狩《もみじがり》　岡田日郎《おかだにちお》

イチョウの黄葉

【ひょんの実《み》】イスノキという木《き》にできる虫《むし》こぶ（昆虫《こんちゅう》が寄生《きせい》してできるこぶのようなもの）のことで、実際《じっさい》には実《み》ではありません。梅《うめ》の実《み》ぐらいの大《おお》きさになり、虫《むし》が羽化《うか》していなくなったあと穴《あな》が開《あ》いているので吹《ふ》いてならすことができます。ヒョーヒョーと鳴《な》るのでひょんの実《み》といい、ひょんの笛《ふえ》ともいいます。

ひょ《(よ)》んの実《み》をひょ《(よ)》んなところで拾《ひろ》ひ《い》けり　　鈴木真砂女《すずきまさじょ》

拾《ひろ》ひ《い》たるひょ《(よ)》んの実《み》神《かみ》に吹《ふ》き申《もう》す　　鎌田杏花《かまたきょうか》

【桐一葉《きりひとは》】桐《きり》はとても背《せ》の高《たか》い木《き》で、長《なが》さ十五《じゅうご》センチ前後《ぜんご》の大《おお》きな葉《は》がつきます。それが一枚《いちまい》、また一枚《いちまい》と音《おと》をたてて散《ち》りはじめると、秋《あき》になったことをつよく感《かん》じます。これを桐一葉《きりひとは》とか、一葉落《ひとはお》つ、または一葉《ひとは》といいます。

桐一葉《きりひとは》日当《ひあた》りながら落《お》ちにけり　　高浜虚子《たかはまきょし》

桐一葉《きりひとは》落《お》ちて心《こころ》に横《よこ》たはる《わ》　　渡辺白泉《わたなべはくせん》

【竹《たけ》の春《はる》】多《おお》くの木《き》は秋《あき》に葉《は》が散《ち》りますが、竹《たけ》は秋《あき》になると新《あたら》しい葉《は》が生《は》えてきます。そのことを竹《たけ》の春《はる》と呼《よ》びます。反対《はんたい》に春《はる》になると竹《たけ》は葉《は》が散《ち》るので、竹《たけ》の秋《あき》といいます。

竹《たけ》の春水《はるみず》きらめきて流《なが》れけり　　成瀬櫻桃子《なるせおうとうし》

タケ

【芭蕉《ばしょう》】数《すう》メートルになる大型《おおがた》の多年草《たねんそう》で、葉《は》は長《なが》さが二《に》メートルほどもあり、プロペラのような形《かたち》をしています。秋《あき》も深《ふか》まって、この大《おお》きな葉《は》が雨風《あめかぜ》にさけていたんだものを破《や》れ芭蕉《ばしょう》といいます。

さらさらと白雲《はくうん》わたる芭蕉《ばしょう》かな　　正岡子規《まさおかしき》

横《よこ》に破《や》れ縦《たて》に破《やぶ》れし芭蕉《ばしょう》かな　　高浜虚子《たかはまきょし》

芭蕉葉《ばしょうば》の雨音《あまおと》の又《また》かはりけり　　松本《まつもと》たかし

【朝顔《あさがお》】つる性《せい》の植物《しょくぶつ》で、つるを巻《ま》きつけてのびながら、ラッパ形《がた》の花《はな》を次々《つぎつぎ》に咲《さ》かせます。朝《あさ》のすがすがしさの中《なか》で、紺《こん》や紫《むらさき》などの花《はな》が鮮《あざ》やかに開《ひら》き、午前中《ごぜんちゅう》にしぼみます。夏《なつ》に咲《さ》きはじめますが、立秋《りっしゅう》を過《す》ぎてからもさかんに咲《さ》きつづけます。

朝顔《あさがお》に釣瓶《つるべ》※51とられてもらひ水《いみず》　　千代女《ちよじょ》

朝《あさ》がほや一輪《いちりん》深《ふか》き淵《ふち》※52のいろ　　蕪村《ぶそん》

朝顔《あさがお》や濁《にご》り初《そ》めたる市《いち》※53の空《そら》　　杉田久女《すぎたひさじょ》

あさがおがおおきくなったうえきばち　　なつめれいこ（小1）

※51　釣瓶《つるべ》…井戸《いど》の水《みず》を汲《く》み上《あ》げるおけ。16頁《ページ》参照《さんしょう》。

※52　淵《ふち》…川《かわ》や湖《みずうみ》で、水《みず》がとどこおって深《ふか》くなっているところ。

※53　市《いち》…この場合《ばあい》は町《まち》のことで、「市」を「まち」とよむこともあります。

【カンナ】高《たか》さが一《いち》メートル以上《いじょう》になる球根草《きゅうこんそう》で、大《おお》きな長《なが》い葉《は》の間《あいだ》から茎《くき》がのびて、鮮《あざ》やかな赤《あか》や黄《き》の花《はな》をつけます。秋《あき》をはなやかに彩《いろど》る花《はな》の一《ひと》つです。花《はな》カンナともいいます。

真剣《しんけん》な貌《かお》が鉄打《てつう》ち緋《ひ》のカンナ　三橋鷹女《みつはしたかじょ》

大蛇《おおあぶ》を吸《す》ひ《い》しカンナの燃上《もえあ》り　上野《うえの》　泰《やすし》

【鶏頭《けいとう》】にわとりのとさかに似《に》た花《はな》を咲《さ》かせる草花《くさばな》です。花序《かじょ》といって、よく見《み》るとたくさんの花《はな》が集《あつ》まっています。燃《も》えるような赤《あか》い色《いろ》がよく目立《めだ》ち、花壇《かだん》や歩道《ほどう》の植《う》え込《こ》みなどに植《う》えられます。

鶏頭《けいとう》の十四五本《じゅうしごほん》もありぬべし　正岡子規《まさおかしき》

鶏頭《けいとう》に鶏頭《けいとう》ごつと触《ふ》れゐ《い》たる　川崎展宏《かわさきてんこう》

【コスモス】キク科《か》の草花《くさばな》で、ピンクや白《しろ》などの一重《ひとえ》の花《はな》を咲《さ》かせます。むらがり咲《さ》いて風《かぜ》にゆれるようすに秋《あき》らしさを感《かん》じます。秋桜《あきざくら》ともいいます。

コスモスの倒《たお》れ倒《たお》れし花《はな》の数《かず》　高野素十《たかのすじゅう》

消《け》しゴムで消《き》えさう《そ》な影《かげ》秋桜《あきざくら》　津久井紀代《つくいきよ》

コスモスはいつもニコニコわらってる　中川恵美《なかがわえみ》（小2）

カンナ

けいとう

コスモス

【白粉花《おしろいばな》】庭先《にわさき》などに色《いろ》とりどりに植《う》えられる草花《くさばな》で、八月《はちがつ》から九月《くがつ》ごろにかけてよく咲《さ》きます。夕方《ゆうがた》に開《ひら》いて朝《あさ》にはしぼみます。黒《くろ》く丸《まる》い種《たね》ができますが、その種《たね》の中身《なかみ》が化粧品《けしょうひん》のおしろいに似《に》ているのでついた名前《なまえ》です。

おしろいの花《はな》咲《さ》くまでと寝《い》ねにけり※54　林原耒井《はやしばららいせい》

おしろいが咲《さ》いて子供《こども》が育《そだ》つ路地《ろじ》　菖蒲《しょうぶ》あや

【鬼灯《ほおずき》】ナス科《か》の草花《くさばな》で、秋《あき》に袋状《ふくろじょう》のがくに包《つつ》まれた朱色《しゅいろ》の実《み》をつけます。実《み》の中身《なかみ》を出《だ》してからっぽにし、口《くち》にふくんで鳴《な》らして遊《あそ》びます。

鬼灯《ほおずき》の祭《まつり》の色《いろ》になつて《っ》ゐ《い》し　後藤比奈夫《ごとうひなお》

はいくよりほおずきならししんけんだ　甲斐満希子《かいまきこ》（小1）

【ほうせんか】よく庭先《にわさき》で見《み》かける花《はな》で、八月《はちがつ》ごろに蝶《ちょう》に似《に》た赤《あか》や紫《むらさき》や白《しろ》の花《はな》を咲《さ》かせます。実《み》は熟《じゅく》すとさけて種《たね》を飛《と》ばします。手《て》でふれても飛《と》びます。赤《あか》い花《はな》を爪《つめ》にこすりつけると爪《つめ》が染《そ》まるので、爪紅《つまべに》、つまくれないともいいます。

砂《すな》あびる鶏《とり》の埃《ほこ》りや鳳仙花《ほうせんか》　塩谷鵜平《えんやうへい》

ホウセンカたねがはじけるゆびの先《さき》　小川美幸《おがわみゆき》（小3）

※54 寝《い》ねにけり…寝《ね》てしまった。

【菊《きく》】菊《きく》は秋《あき》を代表《だいひょう》する花《はな》の一《ひと》つです。庭《にわ》に植《う》える小菊《こぎく》や、愛好家《あいこうか》が育《そだ》てる大輪《たいりん》の厚物咲《あつものざ》き※54など、大《おお》きさ、色《いろ》、形《かたち》など種類《しゅるい》はさまざまです。菊《きく》の美《うつく》しさが映《は》えるような晴《は》れた秋《あき》の日《ひ》を、菊日和《きくびより》といいます。

菊《きく》の香《か》やならには古《ふる》き仏達《ほとけたち》　芭蕉《ばしょう》

しらぎくの夕影《ゆうかげ》※55ふくみそめしかな　久保田万太郎《くぼたまんたろう》

きくの花《はな》きいろい色《いろ》してだまってる　しぶ田《た》なつみ（小2）

【野菊《のぎく》】秋《あき》の野山《のやま》に咲《さ》く野生《やせい》の菊《きく》をいいます。うす紫《むらさき》や白《しろ》、黄色《きいろ》などさまざまな種類《しゅるい》があります。

頂上《ちょうじょう》や殊《こと》に野菊《のぎく》の吹《ふ》かれ居《お》り　原《はら》　石鼎《せきてい》

この径《みち》にふつ《（つ）》と消《き》えたき野菊《のぎく》かな　矢島渚男《やじまなぎさお》

【蓮《はす》の実《み》】蓮《はす》は花《はな》のあと、蜂《はち》の巣《す》のような形《かたち》になり、その一《ひと》つ一《ひと》つの穴《あな》の中《なか》には黒《くろ》い実《み》が入《はい》っていて熟《じゅく》すと飛《と》び出《だ》して水中《すいちゅう》に落《お》ちます。この実《み》は甘《あま》く、食《た》べられます。

蓮《はす》は実《み》を飛《と》ばして遠《とお》き人《ひと》ばかり　稲垣《いながき》きくの

ノギク

※54 **厚物咲《あつものざ》き**…花《はな》がまり状《じょう》に厚《あつ》く咲《さ》く品種《ひんしゅ》。

※55 **夕影《ゆうかげ》**…夕日《ゆうひ》の光《ひかり》。この場《ば》合《あい》、影《かげ》は光《ひかり》のことです。

【破《や》れ蓮《はす》】「やれはちす」とも読《よ》みます。風《かぜ》で破《やぶ》れ、いたんだ蓮《はす》の葉《は》のことです。敗荷《やれはす》とも書《か》きます。

蓮《はす》破《やぶ》る雨《あめ》に力《ちから》の加《くわ》はりて　阿波野青畝《あわのせいほ》

敗荷《やれはす》や夕日《ゆうひ》が黒《くろ》き水《みず》を刺《さ》す　鷲谷七菜子《わしたにななこ》

【すいか】すいかは、畑《はたけ》にはわせて栽培《さいばい》する瓜《うり》の仲間《なかま》です。今《いま》では代表的《だいひょうてき》な夏《なつ》のくだものですが、もともとは秋《あき》に収穫《しゅうかく》されたので、秋《あき》の季語《きご》になっています。

どこにこのしぶとき重《おも》さ西瓜《すいか》抱《だ》く　山口誓子《やまぐちせいし》

すいかわり力《ちから》いっぱいふりおろす　森崎《もりさき》舞《まい》（小3）

【南瓜《かぼちゃ》】なんきんまたはとうなすともいい、ウリ科《か》の野菜《やさい》です。皮《かわ》は濃《こ》い緑色《みどりいろ》でかたく、中《なか》は黄色《きいろ》くて、火《ひ》を通《とお》すとほくほくして甘《あま》みがあります。煮《に》ものからお菓子《かし》までいろいろな食《た》べ方《かた》があります。

ずつ（っ）しりと南瓜《とうなす》落《お》ちて暮淋《くれさび》し　素堂《そどう》

夜《よ》は屋根《やね》の南瓜《かぼちゃ》を忘《わす》れ寝《ね》まるなり※56　石橋辰之助《いしばしたつのすけ》

※56　寝《ね》まる…寝《ね》る。

スイカ

【へちま】つる性《せい》の植物《しょくぶつ》で、瓜《うり》の仲間《なかま》です。棚《たな》にはわせて育《そだ》て、きゅうりを大《おお》きくしたような実《み》がなります。茎《くき》からとった水《みず》は化粧水《けしょうすい》として使《つか》います。また、熟《う》れると中《なか》があみ状《じょう》になるので、垢《あか》すりとして使《つか》われます。

大糸瓜《おおへちま》どの子《こ》も両手《りょうて》ふれてゆく　岡山孤舟《おかやまこしゅう》

床拭《ゆかふ》きの行《ゆ》き来《き》してゐ《い》る糸瓜《へちま》かな　山田《やまだ》　葵《あおい》

【ふくべ】ひょうたん、またはひさごともいい、瓜《うり》の仲間《なかま》です。真《ま》ん中《なか》がくびれた形《かたち》に特徴《とくちょう》があります。中《なか》の果肉《かにく》をとって乾《かわ》かし、お酒《さけ》の入《い》れ物《もの》などにして使《つか》っていました。

青《あお》ふくべ一《ひと》つは月《つき》にさらされて　日野草城《ひのそうじょう》

瓢箪《ひょうたん》の尻《しり》に集《あつ》まる雨雫《あましずく》　棚山波朗《たなやまはろう》

【じゃがいも】じゃがいもの収穫《しゅうかく》は秋《あき》に行《おこ》なわれます。根《ね》を掘《ほ》り起《お》こすと、でこぼこした大小《だいしょう》さまざまの球状《きゅうじょう》のいもがころころ出《で》てきます。ふかしたり、コロッケなどにして食《た》べるとほっくりしたおいしさです。ばれいしょともいいます。

じゃがいもを児《こ》の手引《てひ》っ張《ぱ》りつつ運《はこ》ぶ　堀《ほり》　葦男《あしお》

万有引力《ばんゆういんりょく》あり馬鈴薯《ばれいしょ》にくぼみあり　奥坂《おくざか》まや

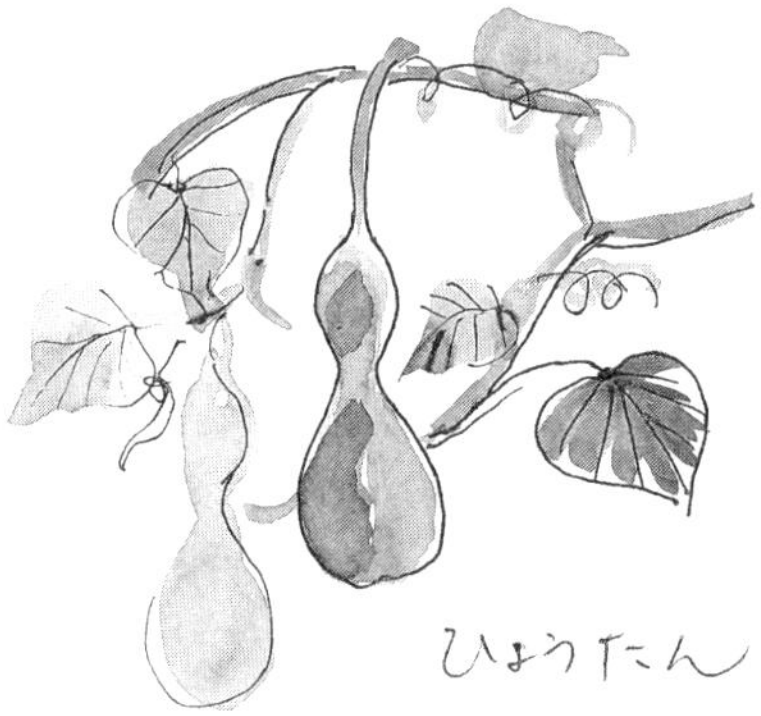

ジャガイモ

【さつまいも】つる性《せい》の作物《さくもつ》で、秋《あき》にはだ円形《えんけい》のいもがとれます。ふかしたり、焼《や》きいもにしたりして食《た》べますが、焼《や》きいもは冬《ふゆ》の季語《きご》になっています。

ほつ《（っ）》こりとはぜてめでたしふかし藷《いも》　富安風生《とみやすふうせい》

【里《さと》いも】丈《たけ》が大人《おとな》の胸《むね》くらいまである大《おお》きな作物《さくもつ》です。朝《あさ》には大《おお》きな葉《は》の上《うえ》に大粒《おおつぶ》の露《つゆ》をのせているのを見《み》かけます。秋《あき》に根《ね》の部分《ぶぶん》にたまご形《がた》のいもをたくさんつけます。ゴワゴワした皮《かわ》をむくと、白《しろ》くてヌルッとした中身《なかみ》が出《で》てきます。煮物《にもの》やきぬかつぎ※57などにして食《た》べます。

三日月《みかづき》の頃《ころ》より肥《こ》ゆる子芋《こいも》かな　正岡子規《まさおかしき》

芋《いも》の葉《は》の八方《はっぽう》むける日《ひ》の出《で》かな　石田波郷《いしだはきょう》

【唐辛子《とうがらし》】辛《から》みの強《つよ》い、香辛料《こうしんりょう》として使《つか》われるナス科《か》の植物《しょくぶつ》です。先《さき》がとがった実《み》は、熟《じゅく》すと真赤《まっか》になります。

唐《とう》がらし熟《う》れにぞ熟《う》れし畠《はたけ》かな　飯田蛇笏《いいだだこつ》

天《てん》よりも地《ち》のよく晴《は》れて唐辛子《とうがらし》　綾部仁喜《あやべじんき》

サツマイモ

※57 **きぬかつぎ**…里《さと》いもの小《ちい》さいものを皮《かわ》のままゆでたもの。皮《かわ》をむきながら食《た》べます。

サトイモ

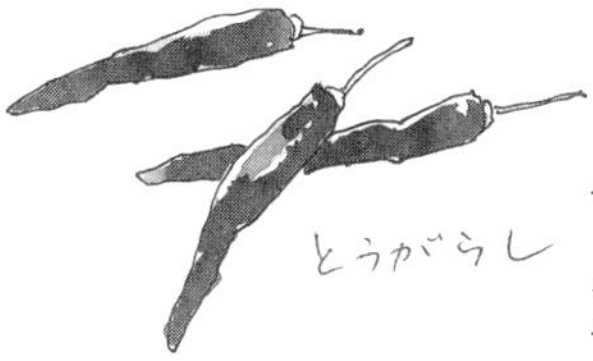

【稲《いね》】米《こめ》のことです。初夏《しょか》に田《た》んぼに植《う》えつけ、秋《あき》に白《しろ》いこまかい花《はな》（稲《いね》の花《はな》）が咲《さ》いたあと、穂《ほ》が垂《た》れて実《みの》ります。穂《ほ》には米《こめ》のもみがたくさんついています。刈《か》り入《い》れを待《ま》つ稲田《いなだ》は、黄金色《こがねいろ》の稲穂《いなほ》が波《なみ》のようにゆれて豊《ゆた》かな感《かん》じがします。

稲《いね》つけて馬《うま》が行《ゆ》くなり稲《いね》の中《なか》　正岡子規《まさおかしき》

北行《きたゆ》きの列車《れっしゃ》短《みじか》し稲《いね》の花《はな》　山本洋子《やまもとようこ》

こんにちはいなほが頭《あたま》さげている　八丁《はっちょう》ちほ（小3）

【とうもろこし】二《に》メートルくらいの高《たか》さに育《そだ》つイネ科《か》の作物《さくもつ》で、初秋《しょしゅう》に葉《は》のわきに長《なが》さ二十《にじゅっ》センチほどの、ひげのような毛《け》がふさふさ生《は》えた実《み》がなります。緑色《みどりいろ》の皮《かわ》をむくと、黄色《きいろ》いつぶがぎっしり、きちんと並《なら》んでついています。味《あじ》は甘《あま》く、焼《や》いたりゆでたりして食《た》べます。とうきびまたはもろこしともいいます。

もろこしを焼《や》くひたすらになつ《(っ)》てゐ《い》し　中村汀女《なかむらていじょ》

唐黍《とうきび》を折《お》り取《と》る音《おと》のよく響《ひび》く　岩田由美《いわたゆみ》

イネの花

とうもろこし畑

【秋草《あきくさ》】秋《あき》に咲《さ》くいろいろな草花《くさばな》のことです。千草《ちぐさ》、八千草《やちぐさ》、または草《くさ》の花《はな》と呼《よ》ぶこともあります。

牛《うし》の子《こ》の大《おお》きな顔《かお》や草《くさ》の花《はな》　高浜虚子《たかはまきょし》

ふるさとの秋草《あきくさ》高《たか》き駅《えき》に佇《た》つ　桂《かつら》信子《のぶこ》

八千草《やちぐさ》の中《なか》のさみしきところまで　千葉皓史《ちばこうし》

【草《くさ》の実《み》】草花《くさばな》についた実《み》のことです。中《なか》には人《ひと》や動物《どうぶつ》にくっついて運《はこ》ばれるものもあります。秋《あき》の草地《くさち》を歩《ある》いたあと、いつのまにか服《ふく》に小《ちい》さな実《み》がびっしりとくっついていることがあります。手《て》ではらってもなかなか取《と》れません。

払《はら》ひきれぬ草《くさ》の実《み》つけて歩《ある》きけり　長谷川《はせがわ》かな女《じょ》

草《くさ》の実《み》や海《うみ》は真横《まよこ》にまぶしくて　友岡子郷《ともおかしきょう》

【草紅葉《くさもみじ》】木《き》の葉《は》が紅葉《こうよう》するように、草《くさ》も赤《あか》や黄色《きいろ》に紅葉《こうよう》することがあります。これを草紅葉《くさもみじ》、または草《くさ》のにしきなどといい、空地《あきち》や田《た》んぼのあぜなどで紅葉《こうよう》した草《くさ》を見《み》つけるようになると、深《ふか》まる秋《あき》が身近《みぢか》に感《かん》じられます。

猫《ねこ》そこにゐ《い》て耳動《みみうご》く草紅葉《くさもみじ》　高浜虚子《たかはまきょし》

たのしさや草《くさ》の錦《にしき》といふ《う》言葉《ことば》　星野立子《ほしのたつこ》

秋草

【末枯《うらが》れ】秋《あき》になって植物《しょくぶつ》の枝《えだ》の先《さき》や、葉《は》の先《さき》が枯《か》れてくることをいいます。末枯《うらが》るる（末枯《うらが》れる）と動詞《どうし》にも使《つか》います。末枯《うらが》れがはじまるといよいよ秋《あき》も深《ふか》まって冬《ふゆ》のきざしが見《み》えてきます。

ひかり飛《と》ぶものあまたゐ《い》て末枯《うらが》るる　水原秋櫻子《みずはらしゅうおうし》

末枯《うらがれ》のはじまつ《（っ）》てゐ《い》る厨口《くりやぐち》※58　飴山《あめやま》實《みのる》

【秋《あき》の七草《ななくさ》】萩《はぎ》の花《はな》、尾花《おばな》（すすき）、葛《くず》の花《はな》、なでしこ、おみなえし、藤《ふじ》ばかま、ききょうの七《なな》つを春《はる》の七草《ななくさ》に対《たい》して、秋《あき》の七草《ななくさ》と呼《よ》んでいます。

馬《うま》でゆく秋《あき》の七草《ななくさ》ふんでゆく　長谷川素逝《はせがわそせい》

子《こ》の摘《つ》める秋七草《あきななくさ》の茎短《くきみじ》か　星野立子《ほしのたつこ》

【萩《はぎ》】秋《あき》の七草《ななくさ》の一《ひと》つで、マメ科《か》の低木《ていぼく》です。秋《あき》のはじめに、小《ちい》さな蝶《ちょう》のようなピンクの花《はな》をたくさんつけます。白《しろ》い花《はな》の白萩《しらはぎ》もあります。花《はな》がほろほろと散《ち》るようすにもおもむきがあり、散《ち》る萩《はぎ》、こぼれ萩《はぎ》と呼《よ》びます。

雨粒《あまつぶ》のひとつひとつが萩《はぎ》こぼす　山口青邨《やまぐちせいそん》

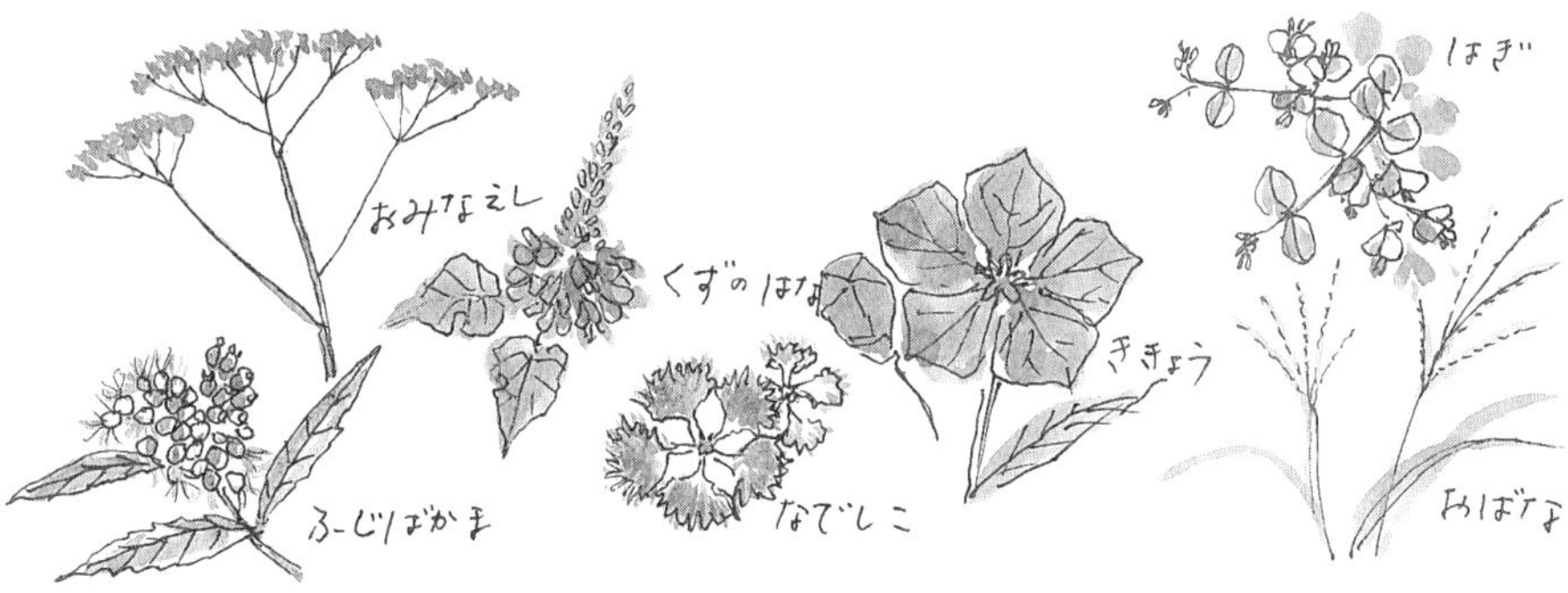

秋の七草

※58 厨口《くりやぐち》…台所《だいどころ》。

【すすき】花《はな》すすきともいいます。秋《あき》を代表《だいひょう》する植物《しょくぶつ》で、秋《あき》の七草《ななくさ》の一《ひと》つです。ふさふさした尾《お》のような穂《ほ》を持《も》つので尾花《おばな》とも呼《よ》ばれ、お月見《つきみ》のときに飾《かざ》られます。すすきの穂《ほ》が目立《めだ》ってくると秋《あき》をしみじみと感《かん》じます。

を《お》りとりてはらりとおもきすすきかな　飯田蛇笏《いいだだこつ》
花薄風《はなすすきかぜ》のもつれは風《かぜ》が解《と》く　福田蓼汀《ふくだりょうてい》
金芒銀芒《きんすすきぎんすすき》分《わ》け子《こ》へ帰《かえ》る　有馬朗人《ありまあきと》

【あしの花《はな》】水辺《みずべ》に生《は》える丈《たけ》の高《たか》い草《くさ》で、秋《あき》にすすきに似《に》たふさふさした穂《ほ》をつけます。花《はな》のあと、白《しろ》いわたをつけます。

つまづきて泥温《どろあたた》かし蘆《あし》の花《はな》　山田《やまだ》みづえ
湖蒼《うみあお》し蘆《あし》の穂絮《ほわた》のよくとぶ日《ひ》　中井余花朗《なかいよかろう》

【数珠玉《じゅずだま》】イネ科《か》の植物《しょくぶつ》で、秋《あき》のはじめごろ数珠《じゅず》に似《に》た実《み》をつけます。最初《さいしょ》は緑《みどり》色《いろ》で、しだいに黒《くろ》くなり、最後《さいご》には灰色《はいいろ》になってかたくなります。昔《むかし》はこれをお手玉《てだま》に入《い》れたり、首飾《くびかざ》りにしたりして遊《あそ》びました。ずずこともいいます。

行《ゆ》き過《す》ぎて数珠玉《じゅずだま》に日《ひ》の強《つよ》かりき　岸田稚魚《きしだちぎょ》
数珠玉《じゅずだま》となりしばかりはあを《お》あを《お》と　佐藤《さとう》ゆき子《こ》

【葛《くず》の花《はな》】つる性《せい》の植物《しょくぶつ》で野《の》にはしきつめたように、山《やま》の崖《がけ》などにはかぶさるようにびっしりと生《は》えているのを見《み》かけます。秋《あき》に、紫紅色《しこうしょく》の小《ちい》さな蝶形《ちょうがた》の花《はな》が、房《ふさ》のように集《あつ》まって咲《さ》きます。

山路《やまみち》に石段《いしだん》ありて葛《くず》の花《はな》　高浜虚子《たかはまきょし》

【なでしこ】河原《かわら》などに咲《さ》くピンク色《いろ》の花《はな》で、秋《あき》の七草《ななくさ》の一《ひと》つですが、実際《じっさい》には七月《しちがつ》ごろから咲《さ》いているので、夏《なつ》の季語《きご》とされることもあります。五枚《ごまい》の花《はな》びらにはそれぞれこまかい切《き》れ込《こ》みがあり、茎《くき》や葉《は》もほっそりしていて、折《お》れそうに風《かぜ》にそよぎます。

かさね※59とは八重撫子《やえなでしこ》の名《な》成《な》るべし　曾良《そら》

撫子《なでしこ》の露《つゆ》折《お》れしたる河原《かわら》かな　士朗《しろう》

【えのころぐさ】イネ科《か》の雑草《ざっそう》です。「えのころ」は子犬《こいぬ》のことで、穂《ほ》が犬《いぬ》の尾《お》のようにふさふさしているのでこの名《な》がありますが、猫《ねこ》がじゃれて遊《あそ》ぶというので猫《ねこ》じゃらしとも呼《よ》ばれます。

猫《ねこ》じや《(ゃ)》らし触《ふ》れてけもののごと※60熱《あつ》し　中村草田男《なかむらくさたお》

猫《ねこ》じや《(ゃ)》らし吾《わ》が手《て》に持《も》てば人《ひと》じや《(ゃ)》らし　山口誓子《やまぐちせいし》

※59 **かさね**…松尾芭蕉《まつおばしょう》の「おくのほそ道《みち》」に出《で》てくる少女《しょうじょ》の名《な》まえ。

※60 **ごと**…ように。

【彼岸花《ひがんはな》】秋《あき》の彼岸《ひがん》のころ、田《た》んぼのあぜなどに咲《さ》く真紅《しんく》の花《はな》です。花《はな》が咲《さ》いているときには葉《は》がなく、まっすぐな茎《くき》のてっぺんにまるで花火《はなび》のように咲《さ》きます。まんじゅしゃげともいいます。

空澄《そらす》めば飛《と》んで来《き》て咲《さ》くよ曼珠沙華《まんじゅしゃげ》　及川《おいかわ》　貞《てい》

つきぬけて天上《てんじょう》の紺曼珠沙華《こんまんじゅしゃげ》　山口誓子《やまぐちせいし》

彼岸花《ひがんばな》みんないっしょに燃《も》えている　飛田《とびた》　希《のぞみ》（小6）

【ききょう】秋《あき》の七草《ななくさ》の一《ひと》つで、きちこうともいいます。初秋《しょしゅう》の野《の》や庭《にわ》などで、紫《むらさき》色《いろ》の花《はな》が星《ほし》のような形《かたち》に開《ひら》き、すがすがしさが目《め》をひきます。

きりきりしやん（や）としてさく桔梗哉《ききょうかな》　一茶《いっさ》

桔梗《きちこう》や子《こ》の踝《くるぶし》※61をつよく拭《ふ》き　山西雅子《やまにしまさこ》

【われもこう】秋《あき》のはじめごろ山《やま》や野《の》に咲《さ》く野草《やそう》で、長《なが》く伸《の》びた茎《くき》の先《さき》に、黒《くろ》っぽい紅《べに》色《いろ》の球状《きゅうじょう》の花《はな》をつけます。

拾《ひろ》ひたる石《いし》に色《いろ》あり吾亦紅《われもこう》　長谷川《はせがわ》かな女《じょ》

吾亦紅《われもこう》摘《つ》みてその野《の》に失《な》くしけり　田川信子《たがわのぶこ》

※61 踝《くるぶし》…足首《あしくび》の左右《さゆう》に出《で》っぱっている部分《ぶぶん》。

ヒガンバナ

キキョウ

【りんどう】山《やま》や野《の》に咲《さ》く野草《やそう》です。青紫《あおむらさき》のやわらかいつぼみがつき、先《さき》をちょっとだけ五弁《ごべん》に開《ひら》きますが、開《ひら》かないままのものもあります。静《しず》かでかれんな感《かん》じの花《はな》です。

山《やま》の日《ひ》の片頬《かたほ》にあつき濃龍胆《こりんどう》　富安風生《とみやすふうせい》
りんだうに日《ひ》の衰《おとろ》へのまぎれなし※62　石田《いしだ》いづみ

【露草《つゆくさ》】夏《なつ》の終《おわ》りから秋《あき》にかけて、道《みち》ばたなどでもよく見《み》かける草花《くさばな》です。二枚《にまい》の花《はな》びらを持《も》った小《ちい》さなるり色《いろ》の花《はな》はすがすがしい感《かん》じがします。ほたる草《ぐさ》などともいいます。

露草《つゆくさ》の瑠璃《るり》をとばしぬ鎌試《かまだめ》し　吉岡禅寺洞《よしおかぜんじどう》
くきくきと折《お》れ曲《まが》りけり蛍草《ほたるぐさ》　松本《まつもと》たかし
露草《つゆくさ》の露《つゆ》鮮《あた》らしき朝《あさ》の馬場《ばば》　長嶺千晶《ながみねちあき》

【たでの花《はな》】タデ科《か》の植物《しょくぶつ》をみな、たでの花《はな》と呼《よ》びます。穂《ほ》のような薄紅《うすべに》や白《しろ》の花《はな》をつけます。代表的《だいひょうてき》なものに犬《いぬ》たでがあり、あかのまま、あかまんまと呼《よ》んで、よくままごとに使《つか》って遊《あそ》びます。

此辺《このへん》の道《みち》はよく知《し》り赤《あか》のまま　高浜虚子《たかはまきょし》

※62 **まぎれなし**…はっきりしていて、まちがいないということ。

食《た》べてゐる牛《うし》の口《くち》より蓼《たで》の花《はな》　高野素十《たかのすじゅう》

【からすうり】ウリ科《か》のつる性植物《せいしょくぶつ》で、野原《のはら》などに生《は》えます。だ円形《えんけい》の実《み》ははじめ緑色《みどりいろ》で白《しろ》いたて縞《じま》がありますが、秋《あき》になると朱色《しゅいろ》に熟《じゅく》します。実《み》が熟《じゅく》すころ葉《は》は枯《か》れて、実《み》だけが目立《めだ》ちます。

ひたひたと跣足《はだし》に来《く》れば烏瓜《からすうり》　中村汀女《なかむらていじょ》

烏瓜《からすうり》枯《か》れなんと※63して朱《しゅ》を深《ふか》む※64　松本澄江《まつもとすみえ》

カラスウリ道路《どうろ》になげてばくだんだ　川野祐依《かわのひろえ》（小2）

【きのこ】秋《あき》には、山《やま》や林《はやし》の湿《しめ》ったところに、食《た》べられるものや毒《どく》のあるものも含《ふく》めてあらゆるきのこが生《は》えてきます。まつたけ、しめじ、しいたけなど、色《いろ》も形《かたち》もさまざまです。きのこの生《は》えた秋《あき》の山《やま》をきのこ山《やま》と呼《よ》びます。

鶏《にわとり》の掻《か》き出《いだ》したる菌《きのこ》かな　一茶《いっさ》

松茸《まつたけ》の傘《かさ》が見事《みごと》と裏返《うらがえ》す　京極杞陽《きょうごくきよう》

だんだんに夜《よ》が明《あ》けてきて茸山《きのこやま》　今井杏太郎《いまいきょうたろう》

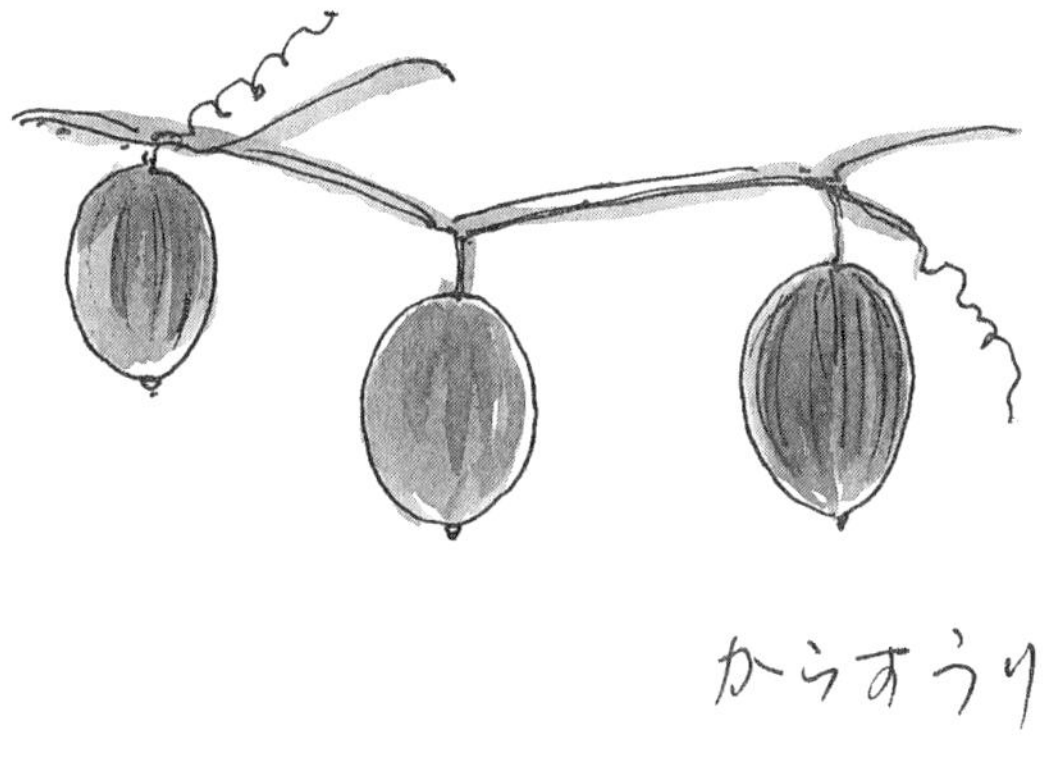

※63 **枯《か》れなんと**…枯《か》れようと。

※64 **深《ふか》む**…深《ふか》める。

読者《どくしゃ》のみなさんへ

俳句《はいく》は、わずか十七音《じゅうななおん》ほどでつくられる文芸作品《ぶんげいさくひん》です。その多《おお》くは、五《ご》音《おん》・七音《ななおん》・五音《ごおん》の調《しら》べを持《も》った文節《ぶんせつ》で構成《こうせい》され、季節《きせつ》を表《あらわ》すことば「季語《きご》」を入《い》れてつくられます。

また、「文語《ぶんご》」という古《ふる》い文体《ぶんたい》で表現《ひょうげん》されることが多《おお》いので、少《すこ》し難《むずか》しく感《かん》じられるかもしれません。

この『新《しん》 俳句《はいく》・季語事典《きごじてん》』では、「季語《きご》」をわかりやすく、身近《みぢか》に感《かん》じられるように解説《かいせつ》し、その季語《きご》を使《つか》った俳句《はいく》(例句《れいく》といいます)には、名句《めいく》としてよく知《し》られた作品《さくひん》や、読《よ》む人《ひと》が共感《きょうかん》できるものを選《えら》ぶように心《こころ》がけました。それらの俳句《はいく》は、たとえ、今読《いまよ》んでわからなくても、いつかすんなりと心《こころ》に入《はい》ってくることでしょう。

俳句《はいく》は、日々《ひび》の暮《くら》しの中《なか》で、季節《きせつ》の小《ちい》さな変化《へんか》に気《き》づいて、はっとしたり、おやっと思《おも》ったりしたことを書《か》きとめるものです。忘《わす》れないうちに、ほんのちょっと立《た》ち止《ど》まって、短《みじか》い日記《にっき》を書《か》くように、また一枚《いちまい》のスケッチや写真《しゃしん》に残《のこ》すような気持《きも》ちで、五七五《ごしちご》にまとめてみませんか。

そのとき、何《なに》かぴったりとした季語《きご》がないかどうか、ぜひこの本《ほん》で探《さが》してみてください。

石田郷子《いしだきょうこ》

秋／俳人索引

	季語・傍題	読み	掲載頁
	秋天	しゅうてん	21
	秋分	しゅうぶん	15
	秋霖	しゅうりん	26
	秋麗	しゅうれい	17
	秋冷	しゅうれい	18
	数珠玉	じゅずだま	67
	しょうりょうばった		47
	初秋	しょしゅう	12
	白露	しらつゆ	27
	白萩	しらはぎ	66
	震災忌	しんさいき	38
	震災記念日	しんさいきねんび	38
	深秋	しんしゅう	19
	新米	しんまい	30
	新涼	しんりょう	14
す	すいか		61
	水蜜桃	すいみつとう	50
	すすき		67
	ずずこ		67
	鈴虫	すずむし	46
	相撲・角力	すもう	35
	相撲の節会	すもうのせちえ	35
そ	底紅	そこべに	49
	そぞろ寒	そぞろさむ	18
	空高し	そらたかし	21
た	体育の日	たいいくのひ	39
	台風	たいふう	25
	鷹渡る	たかわたる	41
	竹の春	たけのはる	56
	たでの花	たでのはな	70
	七夕	たなばた	37
	魂棚	たまだな	37
	魂祭り	たままつり	37
ち	千草	ちぐさ	65
	散る萩	ちるはぎ	66
つ	月	つき	22
	月見	つきみ	22
	月見団子	つきみだんご	22
	月見豆	つきみまめ	31
	つくつくぼうし		46
	つまくれない		59
	爪紅	つまべに	59
	露	つゆ	27
	露草	つゆくさ	70

	季語・傍題	読み	掲載頁
	露けし	つゆけし	27
	露の玉	つゆのたま	27
	鶴来る	つるくる	41
	つるべ落とし	つるべおとし	16
て	天高し	てんたかし	21
と	灯火親しむ	とうかしたしむ	32
	唐辛子	とうがらし	63
	とうきび・とうもろこし		64
	とうなす		61
	とうろう		48
	殿さまばった	とのさまばった	47
	豊の秋	とよのあき	33
	鳥威し	とりおどし	33
	どんぐり		54
	とんぼ・とんぼう		45
な	長き夜	ながきよ	17
	長崎忌	ながさきき	36
	長月	ながつき	16
	流れ星	ながれぼし	24
	梨	なし	50
	茄子の馬	なすのうま	37
	なでしこ		68
	なんきん		61
に	にお		35
ね	猫じゃらし	ねこじゃらし	68
の	野菊	のぎく	60
	後の月	のちのつき	23
	野分け	のわけ	26
は	敗戦日	はいせんび	38
	墓参り	はかまいり	38
	萩	はぎ	66
	白桃	はくとう	50
	稲架	はさ（はざ）	34
	芭蕉	ばしょう	57
	蓮の実	はすのみ	60
	肌寒	はださむ	18
	はたはた		47
	八月	はちがつ	13
	初秋	はつあき	12
	葉月	はづき	14
	ばった		47
	花カンナ	はなかんな	58
	花すすき	はなすすき	67
	花野	はなの	28

秋の季語索引

●監修：山田みづえ（やまだ・みづえ）

宮城県仙台市生まれ。父・山田孝雄は国語学者。1957年、石田波郷に師事する。1968年、第14回角川俳句賞受賞、1976年、第15回俳人協会賞受賞。1979年、「木語《もくご》」創刊（2004年終刊）。句集に『忘』『手甲』『木語』『草譜』『味爽《まいそう》』『中今』など多数。2013年没。

●著：石田郷子（いしだ・きょうこ）

東京都生まれ。父・石田勝彦、母・いづみは、ともに石田波郷に師事した俳人。1986年、山田みづえに師事。1996年、俳人協会新人賞受賞。2004年、「椋」創刊、著書に、句集『秋の顔』『木の名前』『草の王』『今日も俳句日和 歳時記と歩こう』『季節と出合う 俳句七十二候《しちじゅうにこう》』、編著に、石田いづみ句集『白コスモス』、細見綾子句集『手織《ており》』、監修に『美しい「歳時記」の植物図鑑』など。俳人協会会員、日本文藝家協会会員、椋俳句会代表、星の木同人。
現在は、自然豊かな埼玉県・奥武蔵の谷あいに住み、自宅を山雀亭《やまがらてい》と名づけて、山里での暮しを諷詠《ふうえい》している。作句信条は「自分自身に嘘をつかないこと」。
椋俳句会 http://www.muku-haikukai.com/

新 俳句・季語事典 —— ③ 秋の季語入門

2020年7月30日　初版 第1刷発行

著者◆石田郷子
監修◆山田みづえ
執筆協力◆藺草慶子・海津篤子・津髙里永子・長嶺千晶・山田（川島）葵

企画編集◆岡林邦夫
写真◆内堀たけし・岡林邦夫・藤井 旭
挿画◆天野真由美

発行◆株式会社 国土社
〒101-0062　東京都千代田区神田駿河台2-5
電話：(03)6272-6125／FAX：(03)6272-6126

印刷◆株式会社 厚徳社
製本◆株式会社 難波製本

NDC911　ISBN978-4-337-16413-0　C8392